家校共育有方法

主　编：杨雪梅

副主编：李　楠　王　璐

　　　　毕丽丽　韩　英

江西教育出版社
JIANGXI EDUCATION PUBLISHING HOUSE

·南昌·

赣版权登字-02-2023-207

版权所有 侵权必究

图书在版编目（CIP）数据

家校共育有方法 / 杨雪梅主编. —— 南昌：江西教
育出版社，2023.10（2025.4重印）
ISBN 978-7-5705-3731-0

Ⅰ.①家… Ⅱ.①杨… Ⅲ.①学校教育 - 合作 - 家庭
教育 - 研究 Ⅳ.①G459

中国国家版本馆CIP数据核字（2023）第138895号

家校共育有方法
JIAXIAO GONGYU YOU FANGFA

杨雪梅 主编

江西教育出版社出版
（南昌市学府大道299号 邮编：330038）

出 品 人：熊 炽
责任编辑：冯会珍
美术编辑：张 延

各地新华书店经销
江西赣版印务有限公司印刷
880毫米×1230毫米 32开本 6.875印张 142千字
2023年10月第1版 2025年4月第3次印刷

ISBN 978-7-5705-3731-0
定价：38.00元

赣教版图书如有印装质量问题，请联系我社调换 电话：0791-86710427
总编室电话：0791-86705643 编辑部电话：0791-86708350
投稿邮箱：JXJYCBS@163.com 网址：http://www.jxeph.com

序

再进一步，让成长更精彩

2019 年元旦那天，《中国教师报·教师成长周刊》主编宋鸽走进了荣成。宋主编这次采访关注的是"一个特教老师发起的教师读写共同体究竟是如何实现爆发式的成长，又是如何把这种成长之光不断地蔓延到学生、家长身上的"。那时，我组建的雪梅读写团队刚刚成立一周年，老师们已在各类教育报刊上发表了 100 多篇文章，并在荣成市范围内开展了 30 余场公益读写指导活动。

在雪梅读写团队中，教师发展的"质"和成长的"量"在国内都首屈一指。在外界看来，我完全可以安安稳稳地"躺平"在现有的成果上，但习惯了思考更习惯了行动的我，却不想就此止步不前。"如果老师们只是碰到了什么教育事件就写什么，那么这样的分析研究是零散而肤浅的，下一步可不可以做更系统的成长研究？"带着这样的思考，我在一片混沌当中努力地找寻着可能的前路。

　　我是一个从中师毕业起就一直在特殊教育一线工作的教师，近20年的时间里陪伴了一届又一届的孩子，他们有的连自己的名字都写不全，还有的用10个手指数数都有困难，这样的学习和能力状况，显然代表了我并没有做到教学相长。可是，我的读写团队却涵盖了从幼儿园到高中各个学段的老师，在学科专业上，我显然不具备任何引领能力。思来想去，自己唯一的优势就是在不停地应对"问题学生"和处理学生问题的过程中，通过不断阅读学习和写作思考修得了比较敏锐的问题捕捉能力和相对审慎的问题处理能力，这些能力非常有助于班主任带好一个班。

　　基于这样的思考，元旦那天晚上送走宋主编后，我用最快的速度发布了题为"组建班主任工作室，让专业成长更聚焦"的群公告，并连夜完成了工作室成员的招募工作。随后，在威海市教育局第二期教育名家工作室建设工程的启动中，我凭着多年的成长积淀，顺利成为班主任教育名家工作室的主持人。当一切条件都将我引向与班主任工作相关的这条路上时，我所能做的就是充分利用现有的平台和资源，让更多美好的成长进一步发生。

　　回望4年来携手这些热爱班级、关注学生身心成长的教师走过的时光，我们虽始终处于边探索边行进的状态，但从来没有改变我们立足的基石，那就是"同读、共写、同研、共行"。《中国教师报·班主任周刊》《班主任之友》《中小学班主任》等多家报刊都对雪梅班主任工作室成长之快、成果之丰的原因做过深度报道。可当我静下心来想把光阴留下来的积淀汇编成册后才发现，除了有"读、写、研、行"做基本的行动支撑，我们还始终保持着不断向前的发展姿态，也始终都在期待着再进一步的成长精彩。

让问题进一步生成智慧

在很多一线班主任眼里，班级就是问题频发的地方，纪律问题、心理问题、学习问题、习惯问题……每一种问题都让人难以招架。时间久了，教师教育的耐心和激情很容易被湮没在繁复的问题当中，进而滋生出倦怠。

在雪梅班主任工作室建设的过程中，我采用了"问题聚焦"的写作模式来做群体研究，即把教育改革发展中的热点问题、学生发展中的棘手问题、班主任成长中的困惑问题化成一个个问题串，然后每周从串上撷取一个点作为老师们的共研共写话题，通过写作来深挖问题成因，找寻化解契机。以"学生沉迷网络"这种相当普遍的成长现象为例，我就先后策划了"学生网游成瘾的心理动机及应对""学生沉迷于刷短视频如何化解""学生迷恋网红怎么办""学生朋友圈里为什么常有'火星'语言出现"等十几个问题点作为共写的主题。

在这种模式最初运作时，老师们很难适应，他们会以"我从来没有遇到过这样的问题""这种事在我的班级中不曾发生过"作为无从下笔的理由。我坚定地告诉大家："我们需要的不是去做经验总结，而是从此时此刻启动自己的思考：以前处理类似事件时，我的依据是什么？是否还有改进的空间？如果以后遇到这种问题，我该从哪里探因？又该如何理性地应对？"这种集体预设性写作的好处是既能在问题发生之前做积极的应对考量，又能在共写中相互参照、借鉴，积累丰富的化解疑难问题的经验。

所有的绽放都是种子在时光中慢慢孕育、悄然拔节的见证。4年来，对几百个小问题的深思细研，让工作室的班主任们充分享受到了化问题为智慧的充实和能量。他们的思考越来越有深度，越来越成体系；他们所带的班级越来越有温度，越来越有活力；他们在班级中挺立的姿态也越来越坚定，工作也越来越有乐趣。再进一步，我们真的会领略到别样清朗的教育风景。

让家校进一步凝聚合力

"不怕碰到'熊孩子'，就怕碰到难缠的或者不合作的家长！"提及班级管理，很多班主任最头疼的莫过于要和形形色色的家长打交道。

当我以教师和家长这双重身份重新审视家校关系后发现：一方面，班主任常常抱怨家长不配合、难沟通；另一方面，家长又在高期待中不时地抱怨着教师教育水平差、沟通方式很生硬。其实，教师和家长的目标朝向高度一致，都是希望能教育好孩子，让孩子得到更好的成长，双方的关系应该是合作发力而不是互相推诿指责，而班主任必须是这条关系线上的掌舵人、凝心者。

我和班主任们以研究的姿态，一方面，着眼于小点去思考问题，比如"碰到了难缠的家长怎么办""与各种类型的家长沟通需要哪些技巧"等，基于班级管理中的实践案例去提炼问题，开展"智慧众筹式"的研讨，对与不同性格特点、不同学识背景、不同心理禀性的家长沟通的"道"和"术"进行研究和验证；另一方面，我们还基于大的层面进行整体策划，比如"'互联网+'模式下的家校合作育人探索""'双减'背景下如何让家校共育更有成效"等，以课题和成果研究的方式构建系统的研究框架，带动不同的学校和班级参与到实践当中，助推家校教育合力的形成。

校与家、教师与家长，绝对不应该是对立的存在，而是要拧成合力的两股线绳。再进一步说，基于人性和心灵，多洞察一些沟通需求，多掌握一些适当共情、充分理解的沟通技巧，这样的班级建设进程才能充满蓬勃的生机和力量。

让故事进一步生发精彩

班级就是一个故事的孕育场，每天都有数不清的"大事小情"发生。作为班主任，如果我们把这些事件看作"事故"的话，就会有始终身处麻烦堆儿的感觉，不停地去盯防，去应付。可如果我们转换角度，就能从不同的事件当中解读成长的心灵之音，通过不同的言谈举止洞悉发展的独特规律，在不断化解纠纷矛盾中提升教育智慧，那么，那些琐事和麻烦便有了生发精彩的可能。

在雪梅班主任工作室建设的过程中，一方面，我会引领老师们写下班级故事，通过文字的记录加工来对事件进行复盘，进而悟得育人启示，表达教育主张；另一方面，我也会培养老师们转换视角思考问题的意识，将故事当中内隐的多重教育意蕴最大化地挖掘出来，进而提升自身的职业敏感力、理解力和判断力。

很多老师在教育写作这条路上犯了眼高手低的错误，他们往往以"有用"为尺度，总希望一出手就能写出高水平的学术论文来作为职称评审和各种荣誉评选的支撑材料，但往往又苦于头脑空空，最终便搁浅在了"想写又写不出来"的沙滩上。与诸多老师们的认知和行动正好相反，我恰恰是带着工作室成员以班级教育叙事为起点，一步一步走向研究的"春天"的，即由基于现象描述的故事写作进阶到借助故事呈现理性思考，最后才进入基于共性问题的聚焦式研写模式。

以"故事"为助推思考、助力研究之线，我们化烦琐为智慧，化凌乱为系统，最终在自己的专业成长之路上步步进阶，让班级建设的支架越来越粗壮、坚实。

让心灵进一步趋近光亮

有一个现象值得我们所有教育人去关注——如今社会各界相当重视学生阳光心灵的培养，但学生成长过程中五花八门的心理问题一直是教育的痛点。虽然每所学校、每个班级都在推行课程引领、活动调节、个案辅导等多样化的健康心灵培育模式，但鲜有人能够真正读懂孩子内心的所思、所想和所需。也就是说，我们教育的"供"和学生心理发展的"求"是不匹配的。

这些问题的化解，绝非简单地在学生身上发力便能实现，还需要提升教师的"读心""育心"能力。这种提升也不是教师参加几场培训或读几本书便能做到的，更需要教师站在学生成长的场域里观察、捕捉、思考、行动。因此，雪梅班主任工作室始终致力于通过多样化的手段提升班主任的心理健康教育能力。

首先，我们会借助事件来解读孩子的成长需求。对班级中的"大事小情"，工作室的老师们都会一步步地去探寻问题成因，解读心灵的隐性表达，反思得失成败，找寻化解方法，其基本思考模式为"发生了什么—为什么会这样—得到了什么经验或教训—如果尝试不同的方式会怎样"等。一连串地追问下来，教师的心育敏感性和智慧度将大大提升，自然也就更容易感知孩子的内心需求，从而按需补养。需求被关照、被满足了，心灵上的阴影自然会大面积缩减甚至消失。

其次，我们会牵引着理论回到班级去验证或实践。如何优化学生的意志品质，增强学生的抗挫折能力？如何帮助学生培养积极情感，调控消极情感？怎样根据学生的气质类型进行班级管理和教育？……要为这一系列的心理发展问题求解，教师就得先去主动学习，弄明白基本的心理概念和理论内涵，然后与班级育人实践相结合，找寻二者之间的关联之处并思考具体操作时可能出现的触发点，继而进一步去落实行动，优化实践。班主任理解了心理发展的历程和独特性，以更富有智慧的教育方式去滋养生命成长，自然就能够培育出苗壮健康的心灵之花。

借着事件进一步走进心灵，满足需求；借着理论进一步回归心灵，破解疑难。每向前一步，其实就意味着成长心灵中的光亮又多了一分！

让成长进一步凝聚丰盈

在一次市级名班主任评选的答辩现场，评委老师对其中一位选手说："你一定是来自雪梅班主任工作室的，因为你清晰地知道自己已有的基础是什么，对学生成长研究、班级建设规划、自我成长定位以及对他人的辐射带动都有切实可行的梯度计划，而不是停留在浅层次的如何读书成长、如何开展班级活动上……"确实，一名对专业成长缺乏追求的班主任，很难走一步看三步、有规划地行进；一名对成长的定义仅仅停留在获取外在光环层面的班主任，也基本不会沉下心来做全盘发展的规划考量。幸运的是，工作室里那些对教育和班级充满了热爱、对成长和蜕变充满了渴望、对学习和思考充满了热忱的班主任，始终都没有被湮没在盲目混沌的追逐中。

车英老师是我在特殊教育学校工作时的同事，她45岁那年选择加入我的工作室时，周围的人都很不看好这种"瞎折腾"。"想成长早干吗了？都这么一把年纪了……"当厌倦了一成不变的教育生活和毫无长进的那个自己后，车老师意识到了成长的重要性。她的行动便有了义无反顾的坚决——以"啃读"的方式走进一本本教育著作中，以不断行走的姿态拓宽着自己的教育视野，以一篇又一篇的文字梳理让自己的育人思考走向纵深……任何一粒经历过自我挣扎和时光洗礼的种子都能有强劲的生长力。3 年时间，我看到的是她从一名普通的特教老师一步步成长为教学能手、优秀班主任，《德育报》曾用整个版面对她的带班育人经验进行宣传推广。"我会沿着这条成长路专注地走下去，不断迈进的感觉让我感受到了生命的丰盈与自我的可为！"真的，不论什么年龄、什么起点，再进一步，人生都有重新结果的可能。

与车英老师的自我启动稍有不同，李竺姿是我从几千名乡村学校班主任中"扒拉"出来并且重点培养的种子选手，因为我很想看看，当一名不安于现状、有冲劲的老师得到了恰当的引领后会发生什么样的"化学反应"。

"能不能介绍我认识李虹霞老师？我没听够她讲的'幸福教室'的故事！"当一提读书就犯困、一提写文章就头疼的竺姿缠着我"牵线"时，我告诉她："李老师工作特别忙，不可能有空回你消息。她写过《创造一间幸福教室》这本书，你可以找来看看，比她今天的讲座更生动、翔实！"当她买来书开始阅读后，我又鼓励她"结合自己班的实际情况，打造一间乡村的幸福教室"。"美国有一位叫雷夫·艾斯奎斯的老师，李虹霞老师正是受了他所著的《第 56 号教室的奇迹》的启发才有了后续的一系列行动的……""你看，你的乡村幸福教室里也有这么多精彩的故事，试着写下来，我帮你改改，让更多的人看见。"……就这样，我一步一步地引着这名年轻的班主任，基于乡村教育的缺失进行着各种尝试。在短短 3 年时间里，她的乡村幸福教室就吸引了

《中国教师报》等多家媒体的关注和报道；她开展的"星火"家庭教育志愿服务项目，成功地将农村家长从教育的旁观者转变成了孩子成长的有力参与者；她组建的校级班主任成长共同体，已经开始带动更多人的成长和研究……一步一个脚印，每一步都有精彩进阶和丰盈收获。

在雪梅班主任工作室里，各具特色却同样精彩的成长案例比比皆是。何谓成长？在我看来，专业成长绝不是将自我带到某一高度后的功成名就，而是一种不断向前、不断追寻的生命状态。进一步，再进一步，成长的路上就有了许多不可预知的美好！

借此第二期威海教育名家雪梅班主任工作室成长书系出版之际，我想让所有的班主任看见这样一种力量——进一步，便能育出精彩；进一步，便能刷新自我；进一步，便能接近卓越；进一步，教育生命才能更加充实多彩！

雪　梅

2022 年 11 月于威海荣成

目录

第三章 切进家长的内心

第四章　增补源头的营养

第五章　找寻共育的密码

后记

第 一 章
叩开家访的大门

儿时的许多记忆早已在时光的轮转中散去，只有当年班主任坐在我家炕沿上，和母亲你一搭我一搭拉家常的场景，会时不时地萦绕心头。我远远地观察和探测，我捕捉到了老师神情中的诚恳，也感受到了母亲的了然与欣喜。

家访，一段通往心灵的最佳路途，一种实现共育的最暖方式。

怀念过去的家访

李 楠

20多年前，我在上初中，每当听到老师要家访的消息，感觉好像接到了圣旨一样，内心无比虔诚。但可惜的是，每次老师总是访不到我家。有时我心中暗暗思量：可能是我家太远了吧，从学校到家，骑自行车又要过沟又要爬坡，需要很长时间；或许是我成绩好又听话，老师觉得没有必要到我家来家访吧。想完这些，我便松了一口气，因为如果老师真的来了，我也实在不知该怎样得体地迎接。

不过，我还是遇到了一次特殊的家访。那次老师们组队到村，直接把家访"送"到了村里的大队部。我们都很兴奋，早早地回了家，放下书包就竖起耳朵听村里的大喇叭响了没。果然，在我们的期待中，大喇叭里庄严地传出"家里有学生的家长赶紧到大队部，老师来家访了"的声音。我一边催妈妈"快点儿，快点儿"，一边在心里好奇，老师到底会说些什么呢？

老师们接待陆续到来的家长进了大队部，我们这些孩子是不让进去的。我们虽然很好奇，但也只能凑在门口猜来猜去。猜了一小会儿觉得猜不出什么，我们便凑在一起将这次家访活动当成了欢乐的聚会。当我们刚玩得起劲儿，快要忘了老师家访这回事时，家长们推开门陆续走了出来。妈妈的表情似乎挺开心，别的家长也没有皱着眉头。看来，老师是来表扬我们的，不是来告状的。事后我才知道，自己被"狠狠"地表扬了一番。妈妈露出了少有的笑容，看着眼前这一幕，我心底第一次生出一种责任感——要让妈妈每次家访都因我而自豪。那次家访如溪流般在我稚嫩的心灵里留下了启迪与成长的印迹。

自己当了老师之后，一直都担任班主任，所以每年都要家访。由于白天要上班，学校往往将家访安排在晚上。刚做班主任的那几年，汽车不多，学校所在的乡镇又很大，所以每次家访都由学校统一安排，找辆车把我们送到村里。今天晚上大家都去河口村，明天晚上都去大西村。时间也是统一的，下午五点半开始，晚上八点半结束，所以下了车我们就各奔东西，争取在有限的时间内多去几家，可往往进了一家的门就很难离开。家长泡了茶、洗了水果隆重地迎接我，仿佛有说不完的话："老师，孩子在学校表现怎么样？这孩子在家真不听话，怎么办？"孩子在旁边低着头，似乎等着我的"宣判"。每当这时，我总是微笑着告诉家长，孩子在学校某个方面很出色，见了老师很有礼貌，作业写得很认真……看到家长眼中闪动着熠熠的光彩，孩子的小脸兴奋得红扑扑的，我这才满意地离开。我想，家访应该把希望的种子播撒在家长和孩子的心里。

近年来，手机和网络使家校沟通便捷了起来。QQ群、微信群，有文字，有图片，还有视频。家长不再像以前那样见了老师问个没完，因为他们对孩子在校的表现了然于心。学校每学期依然会组织统一家访，不过现在都是老师利用白天没课的时间自己开车去。白天家访，一切都是快节奏，没有了夜晚的静谧，家访似乎少了点秉烛夜谈的温馨。

　　不知为什么，我总是很怀念以前的家访，那时没有手机，也很少有汽车，家访是不用拍照的。老师、家长和孩子围坐在一起，轻声地谈着，谈到激动处，家长往往会拉着我的手。旁边的孩子红着脸瞟一眼老师，再偷偷看一眼妈妈，羞涩地抿着嘴笑。

　　我喜欢家访像缓慢的溪流一点点地流过心田，不太快也不太急。老师和家长像老友一样闲叙漫话，轻声细语间为孩子筑起一个个美丽的梦。

（原文发表于《中国教师报》2019 年 2 月 20 日）

怀念那烟火味的家访

卢桂芳

夜色已深，走在昏黄的路灯下，我身心疲惫。开学之初"千人访万家"的教育大家访活动终于告一段落，这是大家访活动开展以来，最让我心力交瘁的一次。我所任教的学校属于九年一贯制，因为学校工作的实际困难，我兼任了初中和小学两个学段的教学工作，在大家访活动中，每个学部都分给了我等量的名额，我得完成别人双倍的工作量，也就是要在一周之内访完四十位学生家长，平均每天晚上去六到八名学生家里家访，还要留下文字和影像资料，以备建档。为了有效提高家访的质量，下班之后我就立即奔赴第一位走访对象的家里，直到晚上十点多才完成当天的任务。

其实家访的辛苦倒不在话下，我只是无法忍受家访时遭遇的难堪。这让我想起了小时候的家访。

四十年前，我在村小就读，一个外派的老师教我们本村三四十个孩子。因为老师晚上要办公，所以他平时住在学校。全校只有这一位教职工，村民们就沿袭了以前的"轮饭制"，家里有学生的人家轮流负责老师的一日三餐。这一日三餐不仅解决了老师的伙食问题，而且成为老师与家长沟通的最好时机。

20 世纪七八十年代的农村还比较贫穷，温饱问题尚未完全解决。尽管如此，无论轮到哪一家管老师的饭，主妇们一定会尽最大努力提供最好的伙食，否则就不足以表达全家对老师的敬意，甚至发生过半路"抢劫"老师的事情。毕竟，老师是全村人的"先生"，管"先生"的饭那可是比过年还隆重的大事，"先生"的光临能让我们的寒舍蓬荜生辉。最重要的是，家长可以在吃饭期间跟老师好好唠唠自己家孩子，这样的情况一年至少会有七八次。如此一来，老师便成为全村人的"亲戚"，他会定期走进每一个农村小院，坐在火炕的"大客"座位上，由一家之主陪同用餐，这是胶东人招待最尊贵的客人的最高礼节，而主妇和孩子们则在灶间听命，随时准备往桌上添加什么或者撤掉什么。有时饭已经吃完，话却没有说完，他们的谈话继续，孩子则帮着母亲撤下饭菜，就在灶间的锅台边上边吃饭边听着老师和家长的谈话内容，同时在心里承诺有则改之、无则加勉。

受当时有限的教学条件的制约，"管饭制"曾经在农村流行了很长时间。为了表达对老师的敬重之情，主妇们绞尽了脑汁，倾家之所有，甚至会借米下锅，但没有一个村民会觉得管老师的饭增加了自己的经济负担。我的父亲已经七十多岁，每次回忆起当年陪同"先生"用饭的事情，他还会如数家珍地说起哪位老师曾经给了我们怎样的教导和影响。

细细想来，当年的贫穷并没有让人情淡漠，却在一粥一饭间增进了相互之间的了解，家长和老师亲密得如同兄弟姐妹，那是一种水乳交融的鱼水情。村民们虽不善言谈，却以自己的方式默默地支持着老师的工作，关怀着老师的生活，践行着尊师重教的善举：老师的水缸永远都是满的；教室和办公室从来不缺少取暖的柴火、煤块；大雪封门的日子，通往学校的小路总会被清扫得干干净净；春节的时候，学校的春联总是在大队部贴春联之前被贴上；每位老师离开的时候全村人都会出来相送……而老师们也以同样的深情回馈每一位父老乡亲：每家的孩子都是自己的孩子，训斥也是为了让孩子健康地成长；用饭期间总是从桌子底下偷偷地给孩子塞一个饺子、一把花生；谁家孩子放学后被锁在了门外，老师会将其领回学校陪着写完作业等家长来接；寒假之前就利用晚上的时间写好每家每户的春联……

　　每当想起小时候家长和老师之间的接触，我的心里就会涌起一片暖意。我是家长和老师之间的联络员，我目睹着他们从原来的相互敬重到后来的水乳交融。那时的日子很简单，也很平淡，简单得就像小河里的流水，平淡得就像海草房上的袅袅炊烟。如此简单的日子没有留下文字的说明，也没有留下影像的记载，没有媒体喊要尊师重教，也没有人规定教师的职业道德。对于一个有文化、有传统、讲文明的民族来说，父辈的言传身教其实就是最好的教育，也许他们没有多么高尚的情操，他们只是尽着自己的本分，但那样简单的日子却过出了烟火味儿。

　　如今，每当疲惫的时候，我都会想起自己小时候求学时的情形，我会忆起我的父母、我的老师，父母陪同老师在火炕上盘膝而坐的身影，透过窗户，伴随着那袅袅的炊烟一直印在我的脑海里，与蔚蓝的天空、飘浮的白云和百年海草房一起形成了一幅隽永的画卷。画卷里，是我此生都怀念的亦浓亦淡的烟火味……

（原文发表于《班主任之友》2019 年第 5 期）

家路，心路……

杨雪梅

有一条路，始于学校，通往孩子的家。穿过这条路，叩开一扇门，教育便多了分沟通的温情、多了些体察的和煦与温暖。

特殊教育中，也有这样一条路。我渴望沿着这条路，走进一个个伤痕或深或浅的家庭，了解一个个生命背后或浓或淡的故事，让自己的教育多一份体恤之暖、多一份洞察之明，少一些僵硬冰冷、少一些盲目仓促。

只是，我的这条路走得一波三折。一听"家访"二字，家长要么面露难色，迟疑犹豫；要么果断拒绝，干脆直接。孩子是有缺憾的，这份缺憾是一辈子挥之不去的痛；家庭是带伤的，没有人愿意揭开伤疤被别人赤裸裸地审视。每个看似不通情理的闪躲拒绝，背后都有着不能言说的苦与痛！所以，关于登门之访，我从未强求。

一个孩子缺课了很久，每每电话问询，孩子母亲便冷冷地应道："病了，好了再上学！"挂掉电话，很多记挂便涌上心头：孩子离校前一刻还活蹦乱跳，怎么突然就病了呢？怎么会病这么多天呢？为什么每次追问什么病时，家长便会欲言又止急急地挂掉电话呢？还记得课间陪孩子们聊天儿时，这个小家伙总会缠着我说："老师，希望一直没有假期，学校里有你和同学陪我玩！""爸爸妈妈从不带你出去玩吗？"我警觉地追问。孩子便摇头，"爸爸总不在家，妈妈从不出门"，讪讪地答着，很快又捂住了嘴，不再多言。

这个孩子的母亲在我心头一直是谜一般的存在。她从不像其他母亲那样总是追着老师询长问短，而是匆匆地送来孩子，见了我远远地绕路走开；匆匆地带走孩子，哪怕我的招呼声已脱口而出。更令人费解的是，无论冬夏，一顶宽檐的帽子，一只大大的口罩，便将她整张脸遮得严严实实。近一年的交往，她拒绝班级一切活动，躲避同我的任何交流。

蹊跷的"生病"，让我分外惦记那个渴望校园生活的孩子，也让我以探病之名贸然地走进了那个家庭。

狭小的屋子，窗帘拉得严密无缝，本该洒满一室的晨光便被隔绝在房间之外，我的心一下子沉闷而压抑起来。孩子看见我，带着掩饰不住的兴奋冲上来："老师来了，妈，有礼物了！"盯着孩子左瞧右看，没有发现"病"的影子，摸摸孩子的小脸，我长舒一口气。可紧接着，我又倍感尴尬，母亲对我的到来明显有几分排斥，点了个头后再不肯应我的任何一句话。好在孩子一直缠着我问这问那，稍稍消减了我的无所适从。

"唉，也许你是真心对他们好的，也难怪儿子每天都念叨着想杨老师。"沉默良久的母亲终于主动开了口，夹着叹息，带着感伤。我说："你不知道咱孩子有多乖巧吧，在学校里他可是我的小帮手，每个任课老师都说孩子品行好，又听话。"

　　我小心地察言观色，接上母亲的话，努力地探寻着共同的话题。我发现随着自己对孩子学校生活点滴的描述，母亲眼里不时会有光闪现，尽管那抹光转瞬即逝。

　　"是不是我这个人很难接近，之前好多次想和你聊聊宝贝的，你都比较匆忙！"见自己这次没有那么被排斥，我诚恳地求解。母亲忙不迭地摇摇头，然后在时断时续的描述中开始了一段回忆——

　　孩子之前在邻近县城的一所学校就读。在那里，母子碰到了一位年轻、热情、充满爱心的老师，很长一段时间，母亲为那种遇见而庆幸不已。有一次开学，母亲送孩子返校，小家伙碰见老师热情地送上了拥抱，老师也热情地回应了孩子。可当母亲想起忘记交生活费而返回校园时，在教室门口却听到了这样的对话："刚开学就脏兮兮的，还一个劲儿往人家身上蹭，他妈妈还高兴得不行，真拿自己孩子当宝了，觉得谁都喜欢。"而另一位老师似乎在帮同伴出气，呵斥着孩子："别再去抱老师，听到没有？看你那两条鼻涕，扯老师衣服也不对！"看到自己的孩子嗫嚅着说不出话，母亲在羞愧中仓促转身，落荒而逃。从那以后，不论走到哪儿，她都感到别人用异样的眼光打量着孩子，嘲笑着自己。

　　后来，母亲带孩子转到了我所在的学校。逃开了那个令她压抑的环境，却逃不开笼罩心头的阴霾，仿佛每个人都是一面带着善意的笑，另一面转身对着孩子的不健全指指点点。于是，她拼命包裹着、封闭着自己，也圈养着孩子。"最近，心理压力越来越大，怕孩子的异样会让别人过多关注，也怕别人的关注伤害孩子，我便害怕出门、害怕被任何人看见，我也知道这种方式不对，但还是忍不住要把孩子圈在家里。这些经历从来没对任何人提起，没想到说出来，心里好像舒服了一点！"

曾经，我一直以为，尊重家长意愿，不惊扰别人有伤的生活，是自己一种善意的呵护。可此刻，我却有些庆幸，庆幸自己用稍显唐突的方式敲开了这扇家访之门，倾听到了一位母亲心底最无助的声音。一番感同身受的倾诉、一段静默无言的陪伴，应该比向善的疏离、比不惊扰的尊重更能抚慰有伤痕的心吧！

学校和家庭之间有条路，连通起来，或许便会有爱而无碍；老师与家长之间有条路，用心沟通，或许再闭塞的心门都有打开的希望；老师与学生之间也有条路，畅通或阻塞，或许就在老师一举一动的细枝末节间。

我走到窗前，扯了扯窗帘，几抹阳光倾洒而入。"你看，紧闭窗户，屋子里便只有昏暗；若你愿意打开它，哪怕仅是一条缝隙，阳光也会照亮世界。"就着一室明媚，我与这位母亲轻声交流着，心里开始有了更多暖暖的情愫在涌动：通往特殊孩子家庭的路，就是一条心路。试一试，也许可以在路上留下不同的风景！我想，这条路上的行走，我才刚刚开始！

（原文发表于《班主任之友》2017 年第 10 期）

父母，请做好孩子人生路上的领跑人

卢桂芳

"卢老师，谢谢您的帮助，让我和孩子体验了一次不一样的成功！"看着面前因欣喜而有些激动的家长，我回想起半年前的一次家访。

寒冷的冬夜，我接到了小璇家长的电话："卢老师，不好意思这么晚打扰您，我和孩子遇到了一个无法解决的难题，不知道您能不能提供帮助？"

在众多的学生当中，小璇属于内向且缺乏自信的学生。为了让孩子变得自信，她的父母做了许多努力，其中包括带她参加英语口语训练营，希望通过足够的口语交际训练扬起她自信的风帆。经过半年的尝试，虽然有些起色，但效果并不明显。这不，训练营在筹备元旦的联谊活动，希望家长不仅能陪同孩子出席，还能准备一个英文互动节目。正是这个节目让一家三口犯了难。

小璇的爸爸告诉我，一方面，孩子很想参加，却胆怯不敢登台；另一方面，家长有心陪孩子参加，却不会英语。两难之际，他们想起了英语老师，就在小璇睡着之后给我打了这个"求援"电话，这才有了第二天傍晚的那次家访。

我的不约而至让小璇有些惊讶，我同她进行了一些常规性的谈话，然后询问她的英语学习情况。她有些迟疑地说："还好吧，课堂上没有问题，就是……"看着她欲言又止，我佯装不知情地问："遇到了什么问题？"她这才道出实情。

看得出来，要是不能拿出一个像样的节目，她的心里会有一些小小的遗憾，但是自己信心不足，而父母因不会英语无法陪同她一起登台表演又是一个不争的事实。看着有些失望的小璇，我转向她的父母："如果我帮你们策划一个节目，你们能不能克服语言学习的困难呢？"妈妈连忙摆手："卢老师，人一多我就慌乱，肯定是不行的。"爸爸倒是爽快："我登台不怯场，还擅长搞笑表演，就是英语零基础，上学时也没认真学几天英语，除了'hello（你好）'和'byebye（拜拜）'什么都不会说。"听到这里，小璇倒是先笑了："老师，我爸和我妈真的不行！他们说中文可以，一说英语就大舌头。"

其实在平时和家长的几次接触中，我看得出来小璇的爸爸确实有些表演天赋，说话也很幽默，就是不会说英语。"那能不能表演一个大家喜闻乐见的寓言故事，通过大家耳熟能详的情节来弥补家长的口语缺陷呢？"我的提议得到了一家三口的认可。我们最终敲定了亲子互动节目《龟兔赛跑》。小璇和爸爸商议故事情节，妈妈当观众，我来负责爸爸的台词。此刻年近半百的爸爸竟然认真得像个初学说话的孩子，一板一眼地跟着我练习语音语调，还把我说的每句话都录下来。他嘱咐我把父女两人的台词写下来，他白天空闲时就对着镜子练习。这真是一次不同寻常的家访——我既要教家长英语，又要鼓舞孩子的士气，同时担任他们的场外指导。夜，不知不觉就深了……

在一周之后的联谊活动中，小璇和爸爸的表演得到了主办方和观众的一致好评，而且半年后父女俩还在学校登台亮相了。

学校要在"六一"儿童节那天承办第一届校园英语艺术文化节，届时将有市教育局的领导和联盟片区的众多英语教师来观摩研讨。在艺术文化节的筹备过程中，我感觉只有学生的歌舞和课本剧表演未免有些单调，缺少亲子互动和家庭氛围，而短时间内又无法排练出高质量的节目。情急之下，我想到了小璇和她爸爸的《龟兔赛跑》节目，时隔半年，他们还能不能再度精彩呈现呢？小璇有些踌躇，倒是爸爸爽快："大不了我们再排练一次，有了上次的经验，相信这次会更好！"彩排的时候，效果还不错，特别是爸爸，比较放得开，真正地进入了角色，小璇却有些拘谨。我看出了端倪：直立行走的小璇怎么也表演不出乌龟爬行的状态呀！尽管家长在服装道具方面已经做到足够完美。聪明的爸爸看懂了我的心思，做起了女儿的思想工作。

舞台上，当勤奋的"小乌龟"锲而不舍地爬到终点，最终战胜了睡懒觉的"大兔子"时，全场响起了热烈的掌声——小璇终于克服了胆怯，完全沉浸在自己的角色中……

在随后的教研活动中，所有与会的领导和教师都没有想到，那只惟妙惟肖的"大懒兔"的英语居然是零基础。他们再次报以热烈的掌声，这掌声既饱含着对家长好学精神的鼓舞，也是对家长为孩子成长所付出的努力的肯定。正是这次的"爬行"经历，让小璇告别了之前的羞涩：课堂上不能积极主动发言，被提问时声音低如自语，路遇老师赧颜而过，即使在小组活动中也不能大胆地发表观点……在这次的"爬行"经历之后，小璇第一次主动找到我，对我说："老师，I can（我能）!"是的，她能，有这样一位敢于挑战一切不可能的爸爸的陪伴，她一定能!

如今，自信的小璇已经是初二的大姑娘了。偶尔遇到她时，我看到，她就像一束恬然的月光，扬在脸上的自信让她变成了一个阳光女孩儿。

两年来，每当遇到一些"问题孩子"，我总是会想到小璇，想起小璇的爸爸——那位为了孩子的成长从不惧怕从头开始的家长。

一个人是需要用一生的时间来成长的，这成长的动力有多足，很大程度上取决于家庭对孩子的影响。这个家庭的气氛、行为习惯和家庭成员之间的互动关系，在很大程度上都影响着孩子的成长过程。

和众多家长相比，小璇的爸爸并不年轻，然而，近乎知天命的他却有着其他家长所没有的成长渴望：为了陪孩子更好地成长，他慢慢地养成读书的习惯，只为尽可能地从知识和实践两个角度解答孩子的问题；小璇有偏食、挑食、喜欢吃零食的坏习惯，平时夫妻俩工作都很忙，爸爸仍负责起孩子的后勤保障，这与其他家长动辄以工作太忙为由无法教育孩子有着天壤之别；而且，对学校的各项活动，小璇的爸爸从未缺席，每当遇到问题或是不明白的地方他都会及时向老师请教，和老师沟通。所以，我即使负责3个班150多名孩子的英语教学，也能及时关注到内向的小璇，并和家长建立了沟通机制。小璇的家长不仅做到了陪伴孩子成长，更做到了和孩子一起成长。

曾经有人把父母划分为三类：一流父母做榜样，二流父母做教练，三流父母做保姆。我不敢否定类似教练和保姆的工作，但榜样的力量带给孩子的影响是无法估量的，这是精神上的鼓舞，也是灵魂上的追求。真的，有什么比同甘共苦更能凝聚力量呢？只要家长用自己的行动证明自己可以，孩子就会看在眼里，更会记在心上。他们在遭遇困境时，也会从内心升腾起一股倔强的抗争力——我能、我行、我能行！我相信：机会永远钟情于时刻做好准备且决不会放弃的人。

我喜欢家访，因为从家长身上，我总能捕捉到一些鼓舞我的精神力量，而做好孩子人生路上的领跑人，这无疑是最重要的精神指引之一。

（原文发表于《班主任之友》2019年第9期）

从此，多放一个孩子在心上

如果没有那次家访，我可能永远不会关注到这个叫小小的女孩。新学期，学校开展大家访活动，老师利用放学后及周末时间逐个走访学生家长。这一天晚上，我刚从一个学生的家中出来，便接到了小小妈妈的电话。电话里，小小的妈妈很热情，说着客气恭维的话，可我提出要去家访时，却感受到了电话里小小妈妈的停顿，虽然紧接着她又热情地回应着我的话，但我还是敏锐地察觉到了一丝怪异。好似小小妈妈并不如她口中所表达的那般迫切地希望与我沟通交流。敲开小小家的门，室内的陈设让我暗暗吃惊，早就知道这里是镇上的"富豪区"，却还不曾看过像小小家这样富丽堂皇的装修。小心翼翼地移步客厅，我仍然好奇地打量着小小的家。很快，我发现了一个奇怪之处：客厅正中间的墙壁上挂着一张制作精美的全家福照片，照片上的男女主人正是陪坐在客厅里的小小的爸爸和妈妈，然而中间笑得非常灿烂的孩子不是小小，而是此刻依偎在小小妈妈怀里的一个小男孩。

"小小不在家吗？"我向里屋张望着，寻找着小小的身影。听到我的问话，小小妈妈笑着回答说："小小在奶奶家，这孩子从小就喜欢跟奶奶住，只有周末才回来。""小小在学校里是不是特别调皮，不遵守纪律？"听到我问起小小，小小爸爸赶紧插话进来。"没有，小小特别听话。"我如实回答。"老师，小小很聪明，我们就是不会教，无论什么东西她都是一教就会。"小小爸爸再次说道。然而，这次我没有接小小爸爸的话。小小听话却实在算不上聪明，特别是数学，一直学得比较吃力。从小小爸妈的三言两语中，我感觉到了：他们一点儿也不了解小小……

从小小的"家"里出来，我感到非常压抑，客厅里那张一家三口笑靥如花、幸福美满的照片一直浮现在我的眼前。交谈结束时，我以参观为名，浏览了这个家，我没有从这个家中搜寻到一点点小小生活的痕迹。几经打听，我大概了解了小小在家中的尴尬位置。在小小还不足一岁的时候，她的父母便离异了，之后爸爸娶了后妈，又生了弟弟。小小从小跟着奶奶生活，那个大房子她压根儿就没去过。难怪这孩子如此安静，难怪在她的脸上从来不曾看到其他孩子那样张扬自在的笑容。课上课下，我的目光开始不由自主地移向小小的身影。她的安静让我心疼，让我牵挂，让我绞尽脑汁想为她做些什么。中午吃饭，孩子们的午餐中有香蕉，老师的午餐中也有香蕉，我舍不得吃，带回教室小心翼翼地找了个机会送给小小。小小微微有些发愣，继而开心地接下了，我压抑了好几天的心情一下子舒畅了。看着孩子有欣然接受老师关爱的意愿，我真的感到欣慰且高兴。

许多时候，面对困境中的孩子，我们不能改变些什么，但我们却可以把一份关爱传递给孩子。一把糖、几颗枣和一件厚外套，送给孩子的是一份关爱和一份温暖。生活中有些孩子是不幸的，但这个世界上还有许多亲情之外的温暖，为了孩子能够获得更多的勇气和信心，走过这黯淡的童年，我愿意从此以后多放一个孩子在心上。

（原文发表于《教育视界》2020 年第 28 期）

家 访
／刘 珂

趁着双休日，我驱车赶往豪家进行家访。豪在班上不受欢迎，学习知识很慢，上交的家庭作业从来不是我布置的内容，写字缺横少竖。他常常独来独往，脸上几乎没有什么表情。前两天上体育课时，我看到豪抹着眼泪跑回教室。在我的再三追问下，他才噙着泪说："同学们不跟我一起玩篮球。只要球传到我手里，他们就说'别给豪'。"听罢，我很心疼，一把把豪搂在怀里，心想：有时间一定要去豪家做家访，跟他父母沟通一下孩子的情况。

豪的家在市区北面的一个村子，打电话联系豪的妈妈后，我在她的"遥控指挥"下兜兜转转，终于来到了豪家。算算距离，如果步行，豪每天放学得走一个小时才能到家。怪不得，我常看到豪放学后在路口等他爸爸开着收废品的三轮车来接他。

豪的妈妈很爽朗，有着一口浓重的河南口音。我跟着豪的妈妈进了院子。这是一个普通得不能再普通的院落，满院杂乱堆积的废品增添了院落的破败感。我每往前走一步，都要努力寻找下一个落脚处，就像小时候走在雨后泥泞的土路上。

进屋后，迎面是一张饭桌，桌上有一碗方便面。正在吃饭的豪笑着站了起来，笑得有点儿不自然。我下意识地看看时间，已经下午3点了。可见，他们的生活是没有规律的。

走进里屋，我看到有个女孩正趴在炕沿上写作业，炕上的被子随意地堆着，抬头一看，墙上还有好几条裂缝。豪的妈妈指着女孩说："这是我的女儿，上初二了。我们原来租的住处离学校很近，后来旧房拆迁，不得已才搬到这么远的地方。就这房，房租还挺贵！"豪的妈妈告诉我，豪的爸爸家里很穷，上不起学，不得已，年纪很小就出来打工了。豪的爸爸、妈妈都不识字，没办法辅导孩子写作业。

班上的外地学生不少，但这样的情形我还是第一次遇到。出乎意料的住房条件和家庭环境，让我一时间不知如何开口。家访之前，我对豪的父母不关心孩子、不督促孩子写作业的做法很生气；可现在站在豪的父母的角度想，他们真的没有能力顾及豪的教育。在他们看来，豪能按时上学，已经比自己强多了。

我把目光投向豪的姐姐，示意她在学习上多帮助弟弟。她笑着说："他啥都不会，我教不了。"作为老师，关心和帮助学生是我的责任，但我也知道，亲情带来的温暖是无可替代的。我快速整理好自己的思路，对豪的姐姐说："初二的知识不太容易学吧？看你的样子就知道你学习成绩不错，弟弟需要你的帮助……"姐姐又要拒绝，我忙上前握住姐姐的手，又把豪的手拉过来，放在姐姐的手上。我说："每天辅导弟弟写对一个生词，不难吧？"姐姐笑了："好像不难，我试试。"一旁，豪的妈妈朝我微笑着点了点头。我接着说：

"豪在班上可乖了，遵守纪律，还主动打扫卫生，是不是在家里也经常帮你干活儿？我可要谢谢你，把豪培养得这么好。班上有些学生到现在都不会扫地呢！"说完，我把豪拥入怀中，豪看着我，露出了笑容。

从豪家回来的路上，我陷入了深思。回头想，豪之前的怯懦固然与亲情的缺失有关，可作为老师的我又为他做过什么呢？好长一段时间，我都忽略了他的感受，想当然地觉得只要豪遵守课堂纪律、不影响其他同学听课就好。豪因为在班级中找不到存在感，所以才越发地被同学们孤立。

我不禁想到自己小时候，妈妈每天为了一家人的生计忙碌，很少有时间关心我。长大后，我也不善于表达情感，习惯用"高冷"将自己包裹起来。那时，是我的老师在鼓励我、关心我、温暖我。此时的豪与小时候的我多么相似！我决定为豪做点儿事情。

周一，我组织了一堂以"发现身边同学优点"为主题的班会课，让同学们将彼此的优点写下来，互相学习。常帮助豪完成"周末安全提醒"的男孩源写道："豪遵守纪律，热爱班级，经常打扫教室卫生。"我大声念出来："源有着敏锐的观察力，有一双善于发现美的眼睛，发现豪经常打扫教室卫生……"接着，我告诉同学们，每个人都有优点，要友爱互助。后来，通过大家的选举，豪被选为教室地面卫生委员，每天由他来监督地面值日情况，同学们也愿意与豪一起玩了。豪在班级中感受到了快乐，也找到了存在感。课下，我也经常跟豪的妈妈联系，告诉她再忙再累，也要记得给孩子一个拥抱，让孩子感受母亲的温暖。

　　我想：做老师其实挺幸运的，总能为需要帮助的学生提供帮助。教育的目的不只是眼前的教学成绩，还有学生的身心健康。老师需要常常审视自己的教育教学行为。只有这样，才能在漫长的教育生涯中，无愧于过去、现在和将来。

　　　　　　　　　　（原文发表于《山东教育报》2019年第19期）

家访，走近最后一米

鞠文章

　　家访是教师走进学生家中实地看一看，和家长谈一谈好，还是通过电话、微信等现代化通信手段，和家长线上聊一聊好？面对这样的提问，我真心觉得面对面的交流更有利于问题的沟通与矛盾的化解，更有助于彼此打开心扉，互通有无，直面成长。

　　为什么实地家访会被拒绝，会被疏远，会被认为不必要？可能大部分原因是很多家长有嫌麻烦的惰性心理。毕竟完成一次家访的"接待"，对家长来说也需要经历一番周密的准备：需要向单位请假，特别是农村的务工人员，一天的收入可能就没有了；需要做好家务的整理，否则凌乱的居室会给来访教师留下不好的"看料"；心思缜密的家长还会考虑是否要准备一些水果来接待教师；还有的家长会揣测教师的来意，是不是孩子在学校惹是生非，犯了错误……其实不只是家长不欢迎老师到家中走访，老师对频繁地去学生家家访也是抵触的。约定了时间，家长却不在家，一问，家长说遇到了比教育孩子更重要的事，老师只能悻悻而返。有的家长自顾自地做自己的事，把老师晾在一边，曾经就出现过家长让老师等他打完一圈麻将再来谈事的情况。有的村落道路遥远，要想准确地找到家访地点不是一件容易的事。还有的家长完全从宠溺孩子的角度来辩护，听不得一点儿老师对孩子的负面评价，家访没有取得应有的效果。有时老师一天的课程排得满满的，家访不得不挤出时间进行，但个别家长不会觉得老师劳累。新冠疫情期间，老师需要在家上网课，实际的工作负担要比平常在校时还繁重，可家长不知道，经常会说"老师工作真闲"这样的闲言碎语。

生活的真谛就是一方面内心畏惧与排斥，另一方面还要硬着头皮去面对。家访同样如此，不能因为几个人的不理解、不配合、不参与就放弃，只要工作有需要，老师排除万难也要去尝试。老师通过积极主动的家访，既要去拉近与孩子和家长地理上的距离，也要去拉近与孩子和家长心理上的距离。

通过线上家访我们只能听见彼此的声音，如果不是亲近的朋友，很少会有人愿意用视频的方式进行交谈，人与人之间的沟通就会隔着一层看不见的障碍，不利于问题的解决；实地家访既有声音的倾诉又有神情的互动，如果有分歧也能及时地在友好、和谐的气氛中通过交流得以解决。这如同一部影视作品，我们在电视和手机上也可以免费观看，但同样有很多人喜欢付费到影院中一睹为快。实地家访就是"到影院看电影"，场合不同，带来的直观感受也不同，效果自然不同。

班上曾有一个名叫莎莎的女孩，长得乖巧可爱，学习勤奋努力，唯一的缺点是每到收餐费的时候总是很拖沓，因为她总是故意地"忘记"这件事。打电话询问家长，她母亲却很粗暴、很无礼地挂断电话，好像对老师有说不得的"深仇大恨"，既不解释，也不回复。于是这就成了卡在我咽喉里的一根刺，顺又顺不下去，吐又吐不出来，虽没有想过迁怒女孩，但对她家长的印象难免差了一些。山不来就我，我可去就山。借一次家访的时机，我见到了莎莎的母亲。她的母亲显得很局促，很为以前的事抱歉。狭窄的小院、坑洼的地面、昏暗的房间，很难想象一位年轻的母亲会住在这样一个有些破败的地方。"与丈夫离异后，独自拉扯着一儿一女，没有任何的经济外援，独力支撑着这种艰难的局面。"这是我通过走访，从女孩母亲的倾诉还有邻居处获得的信息。女孩母亲那一次粗暴无礼地挂掉电话，是因为家里一分余钱也没有了。要强的母亲不愿逢人便说，爱面子的女孩也不想让老师知道她的窘迫，所以才有了那样不愉快的误解。这样的家庭情况绝不是凭借线上家访能了解到的，只有通过面对面家访，用真诚的目光、关怀的态度，才能让家长放下戒备，告诉我们实情。这样的第一手资料只有走到家长身边才能获得。既用自己的耳朵来听，又用自己的眼睛来看，我们才能做出正确的评判。以后的日子里，学校为他们姐弟俩申请了困难补助，他们的母亲也有了一份稳定的收入。如果只是线上沟通，我们不会知道在我们不曾留意的阳光地带，是否还存在这样被阴影笼罩的家庭。多一次劳神劳力的家访，或许我们就能给一些亟须帮助的孩子温情的关怀。

实地家访不仅能发现学生生活中的小困顿、小烦恼，给予他们帮助，有时候我们还能发现学生成长中的许多小惊喜，拥有很多小欣慰。

居家学习期间，虽然有时空上的距离，但老师完全可以从学生提交的作业中了解他们的学习状态，有的人如往常一样勤奋上进，有的人越来越优秀，有的人却成绩直线下滑。虽然不能面对面地上课，但那一份责任永远在心头。在学校倡议的村口家访中，我见到了越来越优秀的彤。在母亲的陪伴下，她面带喜色地迎接老师到来，叽叽喳喳地倾诉着居家学习的不方便，问及她表现如此优异的原因时，她害羞地指指母亲，原来是母亲推掉了一切外出活动，在家全心全意地陪着她学习。我们极力地赞扬着孩子母亲的付出，孩子的母亲也大力感叹着教师网课教学的不易。接下来的日子里，女孩的学习成绩一路高歌猛进，她听从老师的告诫，用更高的标准要求自己，回报母亲对她的陪伴与照顾。

实地家访能解决很多线上家访解决不了的问题。遇到上网课迟延的、提交作业拖沓的、不开摄像头的、不回答提问的学生，不再线上留言，而是麻烦自己、麻烦家长，大家抽点儿时间，带着孩子碰碰头，三方见面介绍介绍情况，了解了解原因，协商协商措施，至少一段时间内孩子会有所改观。面对面地家访，我们都会有被尊重的感动，被理解的欣喜，大家自愿地或者不自愿地就有了改变的心愿和行动，这种改变既来自学生，也来自他们身后的家长。有了这样的改变，我们家访的目的就达到了。

走近学生，走近家长，我们能真诚地注视着彼此的眼睛，真切地感受到对方呼吸的气息，清晰地听到对方有力的心跳声，不仅在距离上离孩子和家长更近，同时在心理上更容易被孩子和家长接受，我们的心声会更容易被他们当成一种心愿去努力实现，而不是被当成一个命令遭到拒绝。让我们放下顾虑，走近彼此；那么，孩子的成长、教育的和谐也就不远了。

（原文发表于《威海教育》2020 年第 3 期）

巧用心理效应叩开家访之门

王爱华　杨雪梅

　　家访是家校间非常有效的沟通桥梁，是形成教育合力的重要枢纽，也是师生之间、教师与家长之间打开彼此心门的一把钥匙。但贸然而无准备的家访却往往事倍功半，非但不能收到理想的效果，甚至还会造成学生内心的恐慌、尴尬，影响了与家长间的关系。在日常工作中，班主任若能巧妙地运用一些心理效应，拉近彼此的关系，那么便可以轻松叩开家访之门，让沟通无碍。

提高自我的出镜率——单纯曝光效应

　　俗话说："一回生，二回熟，三回是朋友。"就好比一个商品的广告经常在电视里出现，那么消费者就可能会对该商品产生自发的偏爱反应。班主任工作也是如此，没有出镜率便没有回头率，要赢得学生的信赖、家长的接纳，我们可以考虑借助这种单纯曝光效应的力量。

　　如果班主任，特别是新上任的班主任，想给学生留下不错的印象，提高学生对自己的喜爱程度，常出现在他们面前就是一个简单有效的好方法。比如早自习对学生多一些叮咛与巡视，课后与学生多一些贴心的交流，携一颗童心多参与孩子们的活动，这样更能使学生对老师产生积极的评价。

同样，班主任若想让家长喜欢自己，并配合自己的工作，就要尽力提高自己在家长面前的熟悉度。我曾经在一位家长的日志里发现这样一段话："杨老师很关心孩子，每次接孩子时，她都会和我们家长交流孩子的近况。孩子表现得比较好时，她总会发个消息告诉我们，并提出些帮助孩子取得更大进步的贴心建议……"

班主任完全可以像这样通过合理利用单纯曝光效应来增进与家长的关系。例如，在刚接手一个班级时，班主任可以先召开一次家长会，让家长们对班主任及工作理念、方法有初步的认识和了解；放学时，班主任可以和来接孩子的家长们礼貌地打个招呼，或谈几句孩子当天的表现；用电话、微信或班级工作群等方式多与家长交流孩子的发展情况，尽量让他们了解孩子有了哪些成绩或进步……

利用好单纯曝光效应，班主任就可以有效拉近与学生、家长的距离，增加自己的人际吸引力。当然，曝光要当心过犹不及。班主任在学生和家长面前的曝光要把握好一个度，否则会适得其反。我们可以经常出现在学生面前，但也要注意给他们留一些空间，若时时刻刻紧盯不放，不仅不会让学生更喜欢我们，还极有可能让他们产生抵触心理。在工作中更不能动辄召开家长会或者请家长到学校来，也不应冒昧地登门家访，这样会影响家长的日常工作和生活，易使家长觉得班主任很啰唆而产生厌烦情绪，甚至因此不愿意配合班主任的工作。

适当地给自己曝曝光，让孩子接纳、认可，让家长熟悉、了解，打开心门的钥匙其实就握在班主任自己的手中！

先得寸才能进尺——登门槛效应

曾经读过这样一个故事：沙漠里，月黑风高夜，骆驼看着主人在帐篷里温暖地睡觉，自己却在外面受冻，也想到帐篷里去，于是对主人说："主人，外面好冷，可不可以让我的一只后脚伸进帐篷取取暖？"主人心想，就进来一只脚，答应了吧："好吧，伸进来吧！"过了一会儿骆驼又开口："主人，一只后脚在外面，一只后脚在里面，温差大，恐怕会感冒，可不可以让另外一只后脚也进来？"主人心想，一只脚都进来了，不差另一只脚："好吧！"又过了一会儿，骆驼又恳求主人："主人，后半身在里面，头在外面很难过，可不可以让头也进帐篷呢？"就这样一点儿一点儿地，骆驼的整个身子进了帐篷。

一只脚都进去了，整个身子进去还远吗？日本心理学家原岗通过大量的调查实验证实了骆驼的做法是有道理的。这种做法在心理学上被称为"登门槛效应"，即在提出某个较大的要求前，可以先提出一个小要求，某个人如果接受了那个小要求，为了保持形象的一致，就有可能接受那个原本较难答应的要求。

登门槛效应之所以灵验，一方面是因为逐步提小要求时，缩短了同较大的要求的距离，人们在不断地满足小要求的同时已经逐渐适应了，觉察不到答应对方慢慢提高的要求其实早已背离了自己的初衷；另一方面是人们都有在别人面前保持自己形象一致的愿望，不想被别人视为喜怒无常的人，所以在开始接受别人的要求后，往往会产生一种"反正已经帮了，再帮一次也不算什么"的心理，登门槛效应于是就产生了作用。

这一效应，对于班主任开展家访工作也有一定的参考和借鉴作用。如为学生制定发展目标时，我们一定要结合其自身的特点，考虑学生的能力发展水平和心理承受能力，先提出比过去有进步的小要求，当学生达到这个小要求后再鼓励其朝更高目标努力。当班主任用自己独特的匠心"无声润物"时，激发的是孩子满满的自信和对老师无比的喜爱与信赖。

在与家长的互动上，班主任也应具有一双慧眼。先肯定家长在孩子教育中的长处，然后针对孩子的发展状况提出小建议以争取家长配合，并在事后及时对孩子的进步情况予以反馈，让家长稍微"跳一跳"就能品尝到"摘得果子"的喜悦。在不断尝试与收获的同时，家长自然对老师更加信任与亲近了。

有了孩子的喜爱与信赖，有了家长的信任与亲近，家访之门必定欣然为我们敞开！

抛砖引玉心换心——表露互惠原则

在人际交往中有一种互惠原则，即受人恩惠就要回报，主要表现为生活中人们经常会以相同的方式来回报他人为自己付出的一切。我们每个人都希望保持内心的安静与平衡，所以当感觉到自己亏欠对方时，会本能地用同样的方式给予对方。行为会换来行为，友善会孕育友善，付出会带动付出。我们怎样对待别人，别人自然就怎样回馈我们。

心理学研究发现，在人际交往中，表露也具有互惠性。你对他人的自我表露将引起他人对你的自我表露，进而让双方更积极地互动。班主任若能适当地进行自我表露，抛金引玉，便可以引出学生和家长的自我表露，从而获得自己需要掌握的信息。

老师也是从学生阶段走过来的。所以，当学生遇到困难和挫折时，我们不妨主动将自己过去的相关情绪体验或成长经验告诉学生，这种积极的、适当的内心流露可以感染学生，使师生间的交流更融洽。比如，在对学生进行挫折教育的时候，为了让他们能结合我的亲身经历获得深层次的心理体验，我就使用了自我表露的方法：向学生讲述自己刚参加工作时，遇到了不知如何有效地管理班级、常被调皮的学生气哭、不会处理同事关系等问题，因而备受打击，常有干不下去的念头；后来，我慢慢有意识地调整心态，用积极的眼光看待每个学生，才发现每个学生都有闪光之处；同时学会换位思考，与同事交往时将心比心，关系自然也和谐了许多。我的一番真情表露引起了学生心灵深处强烈的共鸣，随着心扉的敞开，师生间的交流就更加深入了。

表露互惠原则不仅可以用在平时的师生交往中，还可以运用于课堂教学：可以是教学内容的延伸，也可以是借题发挥，比如针砭时弊、调侃、自嘲等，这些往往能有效激发学生的学习兴趣，调节课堂气氛。

教师的自我表露，无疑是增进师生关系的"神来之笔"，往往有着不可估量的效果。同样，这种表露互惠原则不仅在师生关系中发挥作用，也可以运用于处理班主任与家长的关系。当家长出于各种原因，对回答家庭状况、日常生活状况等有助于改善教育的信息采取回避态度时，班主任不妨恰当地自我表露，从而引发家长的自我表露。

比如，在对一名多动、屡次违纪的学生进行家访时，我发现这位母亲对很多家庭状况都避而不谈，似有难言之隐。我没有急于追问，而是和家长聊起了自己的育儿经，感叹孩子的顽劣，家长的教育之难。在不经意间家长逐渐向我吐露了心声：因为离异，母亲一人抚养孩子，既要工作又要顾家，力不从心！一段自我表露让家长打开了话匣子，我也因此对孩子及其成长环境有了更深入的了解，并由这次家访开始，与家长进行了长时间的合作，逐步解决了孩子的行为问题。

不管学生发生了什么事，在与家长交流时，作为班主任的我们一定要记得先听听家长的心声，了解情况以后才能够"对症下药"。

适时的家访能有效增进师生感情，使家校合作更密切，但轻松开启家访之门并非易事，还需要我们从心出发，走近孩子，走进每一个家庭，用智慧和温情叩开那扇有效交流之门！

（原文发表于《新班主任》2016 年第 12 期）

第 二 章

搭建沟通的桥梁

"人家这位老师说话就是在理，总能把话说到我们心坎儿上！"家长心服口服，是建立在既有温度又有效度的沟通基础之上的。这样的沟通，前提是有一颗慧心，"慧"感知，"慧"表达；这样的沟通，还需要有解码技能，解心语，解需求……

家校之间本无桥，但班主任一定要做一个智慧的搭桥人！

教师善沟通，家长更配合

杨雪梅

时常听到班主任们发出这样的慨叹："家长一点儿也不配合工作。""没有给力的家长，老师再怎么发力也于事无补。"……是家长不愿配合、不懂配合，还是老师的沟通方式影响了家长的配合度呢？通过与自己班级管理中沟通方式的比对，我认为班主任如果能稍稍改变一下沟通方式，就可以在家校之间、教师与家长之间的沟通与合作方面有更大的收获。

用具体化的指导替代空洞式的要求

"各位家长，周末回家要让孩子动手多干点活儿，多参与些实践活动，不然以后走上社会了，他们肯定不能适应！"这是一位班主任周末休假前的交代。家长们无不点头称是，但新一周回来班主任发现，应许和做到依然是相距遥远。

真的是家长不肯合作吗？其实不然！问题出在了老师的指导方式上——只讲道理，不谈方法。当需要家长配合或帮助时，我通常会这样提要求："本周我们学习了叠被子，这件事以后就可以放手交给孩子了。""孩子们已经认识了人民币，去超市时试着让他们自己去结账。"这样沟通后，每次休假回来我收到的便是家长满意的回馈：孩子在学校里确实学到了许多，老师这得付出了多少心血呀！

明确目标，将要求具体化，这是教师和家长之间有效沟通的先决条件。当这一条件缺失或模糊时，家长就会行动迷茫，教师的指导自然无法奏效。

将"我和你"的对立变形为"咱们"的比肩

我无意间听到某班主任抱怨家长"说话语气太冲"，这样的态度"沟通都不顺畅，又怎么谈合作呢"？

作为班主任，责怪家长的同时不妨先反思：与家长沟通时，我的姿态是什么样的？我把自己的位置摆在了哪里？"感人心者，莫先乎情"，当老师能够走下讲台，无形之中就已经消除了与家长身份上的对立及隔阂，拉近了距离；反之，若不注意措辞，将"你家孩子""你们家长""我们老师"之类的话常挂嘴边，就会无形中把自己置于家长的对立面，从而导致交流有障碍。

沟通时注意言语细节，多用"我们""咱们"这类的言辞，使家长对老师产生亲近感，无疑是一条巧妙的合作之道。这条道的畅通，需要班主任对细节的关注。

以分段式的目标替代大一统的要求

我读过一则小故事：1984 年东京国际马拉松邀请赛中，名不见经传的日本选手山田本一出人意料地夺得了冠军。在两年后的意大利国际马拉松邀请赛上，他又一次折桂。回顾成绩的取得，他认为将大目标划分为一个一个的小目标逐一实现才是制胜的关键。

家校合作亦是同理。当班主任抱怨家长不配合时，更应当反思自己提的目标是否恰切。比如，有的老师面对新生家长会这样要求："我们一定要从学习、纪律、生活能力等各个方面培养孩子，让他们通过九年的训练后走入社会，成为有为青年……"如此漫长的战线，这么多需要注意的培养点，家长们有老虎吃天无从下口的感觉。反之，如果第一周能把目标锁定在孩子专注力的培养上，第二周能在肯定之前成绩的基础上鼓励孩子自己完成某项任务，那么，这样的小目标就既容易实现，又能让家长感受到合作的力量。

赢得家长的配合并不难，因为班主任和家长都有着"为了孩子"的共同目标。但要真正收获合作也不易，因为班主任的沟通方式会直接影响到家长的配合度。

可见，对现状有考量，同时能够体恤家长的不易，这两者才是班主任搭好家校合作之桥的关键。

（原文发表于《中国教师报》2021年2月24日）

家校沟通重在关系营建

家长对班主任的第一印象往往是通过孩子获得的，这提示班主任首先要做一个学生认可的老师，为今后更好地与家长沟通打下良好的基础。与此同时，班主任也要明确，家校沟通的起点不是在充分了解学生之后，而在接班初期就要建立家校沟通的渠道。

点滴关爱，照进心灵

在班级管理中，班主任对学生的关爱能改变家校关系，使家校沟通更真实灵活。我们班有一个特别胆小的男生，他曾经因为不敢举手而尿湿了裤子。毕竟是五年级的学生，处理时不能伤害学生的自尊心。所以，我当即给了他一条备用长裤，让他到厕所整理，同时通知其他班级学生暂时到楼下上厕所，告诉本班学生不要嘲笑那个男生。当学生的家长来到学校时，看到专心听课的孩子，悬着的心才落下。

刚接班时，这个学生的家长对我的态度并不坦诚；但经过这件事后，家长与我沟通时多了一些亲切感，不再以冠冕堂皇的客套话搪塞我，也愿意主动分享孩子的喜好、在家的表现以及哪方面需要帮助等。当家长感受到教师对孩子的关爱时，自然会主动分享、交流。需要注意的是，家长不是孤立的个体，他们之中不免有邻居、同事、朋友，会相互沟通，了解和评价班主任，所以班主任对待学生要秉持公平原则，让每一个学生都感受到爱。

尽心教育，指点迷津

有的班主任常常会为班上的那几个后进生犯愁，这些学生多是因习惯不好而导致表现欠佳。对这些学生的教育，家长多半也是无奈和着急的，急需妙计良方。此时，班主任如果还是一味向家长反映学生的问题，只会让家长更加焦虑和不知所措。

在家长眼中，班主任掌握了许多教育知识和方法，他们希望得到班主任的帮助和指导。因此在与家长沟通时，针对学生身上的问题，班主任要清晰明确地提出哪些地方需要家长配合及如何配合，拨开家长眼前的"迷雾"。同时，班主任要善于发现学生身上的闪光点，多进行积极评价，给家长希望和动力。

师生同心，拉近距离

在带班过程中，班主任如果与学生感情浓厚，会更容易赢得家长的信赖和支持，家校沟通也会更顺利。这提醒班主任要把握好对待学生的态度，不放弃、不嫌弃，在学生犯错时及时指正并给予其改正的机会，让学生感受到班主任的温暖，让班主任成为学生喜欢的对象。比如与学生分享自己的故事，在课间与学生互动、做游戏，用心陪伴学生成长。当师生关系变得亲密时，家校之间的联系也会更紧密，建立在此基础上的家校沟通才会是真实的情感交流。

家校沟通重在关系营建，师生关系、亲子关系直接影响家校沟通质量。班主任要与学生建立良好的师生关系，用真情帮助学生成长进步，同时也通过学生赢得家长的认可和信赖，与家长共筑学生成长之路。

（原文发表于《中国教师报》2021 年 2 月 3 日）

重沟通讲技巧，让家校联系顺畅无碍

杨雪梅

教育是一份鲜活的事业，这份鲜活不仅需要教师的精心修剪与培育，也离不开家庭提供的肥沃土壤，社会倾洒的充足阳光。只有多管齐下，才能最终迎来叶茂花开。在十几年的特殊教育班级管理工作中，我一直重视家校关系的处理，并运用一定的心理技巧架设起一座家校有效沟通的桥梁。

技巧一：明确班级管理原则——要想吃肉，先得吃青菜

普雷马克曾提出"祖母原则"，其主要观点是先让孩子做一些不太喜欢的事情，然后"柳暗花明"，就可以如愿做自己喜欢的事了。

在家校沟通中，我对这一原理进行了尝试与运用。接手新班后，短时间内要想达到理想的沟通并不现实。因此，我通常会"烧"好新官上任的"三把火"：强调家有家规、校有校纪，人人得遵守；明确我的班级管理原则——关爱孩子但不纵容；有事要及时与我这个"芝麻官"沟通联系，共寻解决办法。一番义正词严的表述，家长们便形成这样的认知——这位老师有些严厉，于是都严格地按照我的要求履行自己的职责。但在接下来的相处中，我会尽量用更温情、

更人性的手段与他们打交道，以理服人，以情感人。在不断的接触中，他们会慢慢地被这份温情感染，更加乐于配合我的工作。

"要想吃肉，先得吃青菜"，这一小小的技巧让我在与家长沟通时一路畅行无阻。

技巧二：努力走到家长身边——我们都是自己人

明智的班主任会发现：当学生把老师当成"自己人"后，便会对老师更信赖，更愿意发自内心地接受老师的教诲。换个角度，在与家长打交道时，我们若能巧妙运用"自己人"效应，也会迅速拉近与家长的心理距离，从而达到更理想的沟通效果。

在特殊教育之路上，我一路行走，一路尝试。在与"保姆型"家长沟通时，我会以鼓励指导为主，让家长明白自己不可能永远是孩子成长的庇护者，孩子自己能完成的事，如穿衣、洗漱、整理书包等，一定要由自己完成，把动手的机会交给孩子；在与"专家型"家长沟通时，我会虚心听取他们对教育的一些看法和建议，与自己的工作相整合，并借助他们的力量影响其他家长的成长；在与"自卑型"家长沟通时，我会多与他们拉家常，从以舟舟、华华为代表的残疾孩子成才的事例，到我教过的孩子中顺利走上工作岗位的典型，让家长明白：若想让孩子挺起胸来成长，首先家长自己得愿意昂起头来生活；在与"唠叨型"家长沟通时，我会尽量换位思考，给他们一些宣泄情绪的机会，然后在倾听的基础上教给他们一些家庭康复的小技巧，引导其将更多的精力放到孩子的成长与发展上……

有了和谐的关系、相同的立场，家长们自然乐于亲近我，班级管理工作开展起来也自然很顺利。

技巧三：慧心扬起信念之帆——巧用放大效应

我们的很多家长会因孩子的身体残疾而产生错误的亲子观。要么怕别人知道自己的孩子有缺陷，整天把孩子关在家里；要么认为是自己造成了孩子终身的不幸，出于愧疚心理，无限满足孩子的要求。

为了唤起家长的自信，我将放大效应运用于工作，努力在孩子们"瘦弱的骨头里挑肉"，哪怕找到一丁点儿"肉丝"，也要当成一块"好肉"展示给家长。对于自卑的、不愿意出门的家长，我会利用休息时间带孩子们走上街头，去购物、去公园游玩、去认识公共环境，坦然面对别人投来的或友善或探询的目光，微笑着告诉大家：这是我的宝贝。我的坦然就是最好的榜样，慢慢地，家长们也愿意带孩子外出了。对于心怀愧疚的家长，我会运用自己所学的心理学知识及沙盘游戏疗法与其互动，帮助他们走出不安，学会用更理性的方式来关注孩子的成长与发展。

虽然有人说与特殊孩子的家长打交道是一件劳心费力不讨好的事情，但我依然愿意洒一片阳光、携一路花香，行走于学校与每一个特殊家庭之间。因为我一直坚信：同样的一块石头，背在肩上就是包袱，踩到脚下就是高度！

（原文发表于《中小学心理健康教育》2016年第11期）

以家校群沟通，促学生成长

随着网络的发达畅通，家校群已成为现代教育不可或缺的交流媒介，特别是新冠疫情期间，网络让学生的线上学习成为可能，而家校群让家长和教师实现了随时随地沟通，使家校合力不因学校的停课而停止。在政府的有力防控下，我们迎来了复学的消息，踏进久违的教室，师生在感叹生命不易的同时，都倍加珍惜所拥有的时光。因此，家校群的使用并没有因复学而停止，相反，教师与家长的线上沟通更加频繁了。有的家长感叹，家校群让他们掌握了孩子在校的一切学习、生活情况，与教师沟通时能做到有的放矢，共同促进孩子成长；也有家长不看群里的消息，对家校群持否定态度。网上也曾因家长的崩溃退群引发热议，家校群一时之间成为有争议的存在，教师对群里所发内容的审查慎之又慎，就怕引起不必要的纷争。

其实家校间即时的交流本该是教育的一大幸事，因为孩子的成长需要家长和学校的随时关注，但教师对家校群的使用却如履薄冰，想必我们不是使用过多而是过于随意，且没有开发出家校群应有的功能，没有让家长感受到家校群的便利。

思想引领，助力成长

有人说，开车需要有驾驶证，当会计需要有会计证，当教师需要有教师资格证，只有父母不用考父母证，孩子一出生便上任了，并且一干就是一辈子。每一位父母都有自己引以为傲的育儿经，但是有时因为疏于学习而走入误区。教师可以利用家校群，引领家长形成更积极的家庭教育思想，共同促进孩子的发展。

最近有几个孩子的桌洞乱七八糟，尤其是强，什么资料也找不到，一节课大部分时间都在埋头找东西。为了提高孩子们的自理能力，我宣布从当天开始，要拍下几张整齐的桌洞和不整齐的桌洞的照片，发在家校群里，让家长观摩。这个方法真有效，第二天我就发现强的桌洞整齐多了，我想等下次开家长会时一定要表扬表扬孩子，可奈何不到两天强的桌洞就恢复了原样。到了开家长会的那一天，我们已经开始了十几分钟，强的家长依然在低头翻着孩子的桌洞，丝毫没有停下来的意思，而这时桌面上已摆起一沓厚厚的整理好的各科资料。看那架势，她是要把孩子的桌洞彻底整理一番才罢休。不得已，我只好说："强的妈妈，您等等，一会儿家长会结束，咱们一起收拾。"强的妈妈这才意识到自己的举动影响了大家，尴尬地冲我笑了笑。会后，强的妈妈跟我说："老师，在孩子小的时候，我就在外地工作，一直觉得愧对孩子，没有陪伴他成长。回来工作后，无论什么事情，我能做的都替他做了，只想弥补之前缺失的爱。在生活和学习上，我跟他爸都是有求必应，却不承想把孩子宠得什么也不会干了。您看，就连他自己的事儿，他都不知道怎么做。"原来强的妈妈这几年一直在用自己的方式弥补着曾经对孩子缺失的爱，却在不经意间削弱了孩子的自立能力。

晚上，我在家校群里分享了这样一段话：高尔基曾说，爱孩子是母鸡也会做的事，但要善于教育他们。十五六岁的阳光少年，已不再是蓬头稚子，他应该有面对生活的勇气和方式，也应该担负起时代赋予的责任。可是我们的孩子却在家人的溺爱下，连照顾好自己的能力都没有。这样的爱，当孩子长大后，他还觉得是爱吗？他会不会怪父母剥夺了他本该有的好习惯？

父母都爱自己的孩子，但是有时候他们的溺爱不利于孩子的成长。我们可以有效地利用家校群，对家长进行思想引领，让爱为孩子的茁壮成长助力。

教师分享，实现共育

家庭教育影响着教育的效力，很多孩子出了问题，其实是亲子关系或家庭教育出了问题。有时我会在家校群里分享我在家庭教育中的失误，家长们说我儿子身上出现的很多情况，他们家孩子也有过，但他们都没有像我一样反思自己，而仅仅归咎于孩子。比如看到我的《孩子，慢慢长，等等妈妈》那篇文章以后，他们的感触更深了。我在文章中这样写道：

周末，亲戚领着孩子来我家玩，还带了程子最喜欢的拼装玩具，小家伙高兴得不得了，邀请小弟弟一起拼。弟弟坐不住，一会儿就从这屋跑到那屋玩儿去了。突然，屋里传来争吵声："你干吗？谁让你动的？你给我拼起来！"我们赶忙跑进去，只见程子气鼓鼓地拿着散架的玩具对弟弟大喊。弟弟一看见妈妈来了，哇地哭了起来。我赶紧抱起弟弟，吼程子："怎么了呢？弟弟不小心碰掉散架了，你拼起来不就行啦。""这个真费事，我拼了好几天。"程子竟也大哭起来。"你看阿姨还给你带来一套新玩具呢，坏了就坏了，弟弟也不是故意的。""不行！"他边哭边跺起脚来，气氛顿时很尴尬。我哄着弟弟，把程子狠狠地训斥了一顿，说他不懂事、不识大体。最后孩子似懂非懂，但依然抽泣着出来道歉。后来我看他趴在地上仔细地拼着玩具，心里掠过一阵痛，但也没有在意。

　　偶然有一天读心理学方面的书，我看到了有一种现象叫"损失厌恶"，就是说，人们面对损失时的痛苦，要大大超过获得时的快感。我心里突然充满了愧疚，原来当时程子的表现是正常的心理现象，妈妈却不懂，不但不安抚，还硬给孩子贴上了"不懂事""不识大体"的标签。更难以释怀的是，我进行完自以为是的说教之后，强拉着还在痛苦和不舍中的孩子道歉，自以为事情圆满解决，却忽视了孩子的心理感受。那一刻，我多想亲口对孩子说声对不起。纯真的孩子可能早就忘了这件事，但作为母亲，每每想起来，心里都是深深的自责。

我跟家长在群里交流：我们在教育孩子的同时，教育自己更重要。家长们纷纷赞同：有时可能真的是因为自己的不了解而误解了孩子，若不及早解决，久而久之，一件事压一件事，就有可能导致家庭教育出现问题。

我们常说，班主任每年要带两个班，一个是学生班，一个是家长班。学生，我们接触得多，平时仍要付出百分之百的爱心和耐心来呵护。而家长，我们可能只是通过家长会短暂地接触，彼此不了解，交流的话题永远是孩子的好坏，涉及自身改变的却很少，至于如何改变，那更不是停留在一句话上的事。有了家校群我们就能随时碰撞思维，在相互交流中达到共育己、共育人的目的。

教育持久，关注生命

家校群如果只是用来布置作业、反馈作业完成情况，那就失去了应有的意义。为了让学校教育更加持久有效，我们会在家校群里发送别有深意的"小作业"。

"快点儿，妈妈。老师今天说，晚上要给我们发一个有关大象的短视频。"一位家长后来跟我说，孩子放学回家就迫不及待地要手机。她刚开始以为孩子为了玩，等跟孩子一起点开家校群时才发现，孩子是被知识吸引了。那天的英语课上我们讲到 elephant（大象）这个单词，我告诉学生，老师在家校群里发了一个有意思的短视频，大家晚上可以看看。孩子们可兴奋了，因为他们可以光明正大地看手机了。孩子们看到的是这样的一个短视频：小象被驯象人用铁链拴在了一根木桩上，刚开始小象不断挣扎，但因力气小怎么也挣脱不开；渐渐地，小象长成了大象，它依然被细细的链子拴在木桩上，虽然已经有了足够的能力和力气，但已经习惯了被束缚，不敢尝试着去挣脱。视频里有我的配音，我说："或许同学们身上也有小时候留下的阴影，现在你长大了，老师希望你能向之前的错误观念和坏习惯宣战，做一个自觉、自律、勇于挑战的孩子。"

同样是使用手机的问题，一诺妈妈又一次向我诉说孩子总是玩手机，怎么说也不听，已经引发了多次家庭冲突。我在家校群里分享了这样一个故事：有一位女士养了一只名贵的鹦鹉，这只鹦鹉非常美丽，却有一个毛病，就是经常咳嗽而且声音沙哑难听，好像喉咙里塞满了令人作呕的东西。这位女士十分焦急，带着它去看兽医，生怕它患上了呼吸系统方面的怪病。检查结果显示鹦鹉非常健康，没有任何毛病。她急忙地问医生："为什么鹦鹉会发出那么难听的咳嗽声？"医生回答说："鹦鹉学舌，它之所以发出咳嗽声，一定是因为它经常听到这种声音，你们家里有人经常咳嗽吗？"这时候女士有些不好意思了，原来她有抽烟的习惯，经常咳嗽，鹦鹉只不过是惟妙惟肖地把她的咳嗽声模仿出来了而已。

家校群里很多家长说，他们知道问题出在哪里了：家庭成员给孩子做了好榜样，孩子的言行才会向着健康的方向发展，从今天开始，陪伴孩子，减少使用手机的频率。

家校群打破了时间与空间的限制，让教师用自身所学帮助更多的人，让教育的作用触及学生生活的更多方面，让教育有更深远的影响。在群里，我们跟家长尽情沟通，与大家分享困顿后的明朗、迷茫后的清澈，感受教育带来的幸福。教育能以这样一种形式给孩子、给家长、给教师带来影响，这是家校群的魅力，更是教育的魅力。

（原文发表于《青年教师》2021 年第 36 期）

沟通的密码

刘 珂

下班，手机响了，是一串陌生的数字。

接通，是小浩妈妈打来的。

"老师，孩子最近老是没精神头儿！"

小浩是本学期转来我班的，孩子有一点儿腼腆，但挺喜欢新学校的。听小浩妈妈一说，我认真回忆，发现孩子最近两天好像确实有点儿不一样，做事情经常慢半拍，看起来精神头儿不太足。

在交流的过程中，我发现小浩妈妈一直强调"自从换了同桌以后，他就天天没有精神头儿"。我明白了，原来她是想给儿子调换座位。小浩的同桌是个不错的女生，但小浩妈妈觉得儿子受欺负了，比如，同桌不给儿子讲题，儿子胳膊不小心出线了还要被碰回去……

小浩妈妈挺委婉："我知道女孩挺优秀的，我就是觉得俩人合不来……"

我特别理解小浩妈妈的心情，看到儿子精神不振，哪个妈妈都会着急。前些日子家访了解到，小浩是独子。我们做老师的，和家长一样盼着孩子有出息，盼着孩子每天快乐，身心舒展。但对小浩妈妈这份带着过分照顾的爱，我不敢苟同。想到这里，我对小浩妈妈说："您的心情我太理解了，也谢谢您主动跟我沟通孩子的情况。我挺喜欢小浩的，他颇有绅士风度。这样吧，您让小浩明天主动找我，让他自己说说情况。小浩如果通过自己的努力解决了问题，会收获更多的……"

放下电话，我习惯性地将号码存在了手机里。

第二天早晨在走廊遇到小浩，他欲言又止。我看着他，等他开口，但他没有。

"有话跟我说吗？"我主动问。

"嗯。"他点了点头，"我没有白纸，同桌也不借给我；老师说遇到不会的题请同桌帮忙讲解，她也不给我讲。"小浩愤慨道。

"心里不好受，是吧？"我顺势拉过小浩不由自主地握紧的手，接着说，"你没有纸，同桌有也不借给你，是让人心里不舒服。老师给你讲个故事。有个女孩特别优秀，从一年级起就是班长，到高二那年，遇到了另一个女孩，处处跟她作对，还联合班上的其他女孩孤立她，她很苦恼，很难开展班级工作，特别不舒服。后来，与她作对的女孩因为生病跟不上课程，很着急，高中时间很紧张，大家都很难抽出时间来帮那个女孩。这个时候，她向那个女孩伸出了援手……"

小浩瞪着大眼睛看着我。我继续说："这个女孩是老师曾经的学生，曾与她作对的女孩跟她成了好朋友。现在这个女孩参加工作了，依然很优秀，与她相处过的人都说她很大气，朋友特别多。想知道女孩当初为什么那么做吗?"小浩点点头。"女孩给我的答案很简单,她说:'看到她着急,我就想到了我有困难的时候,太需要帮助了。'"我看着小浩的眼睛,继续说:"小浩,老师很喜欢你,相信你将来会是个很有出息的人。希望这个故事对你有帮助……"

第一节课是班会,借此事,我上了一堂主题为"夸同桌"的班会课。我尤其关注小浩与同桌的表现。看到小浩写下的同桌优点里有一条是"聪明",我马上念出来,并说:"聪明的同学总是会有聪明的行动,注重反思自己的做法,让自己更优秀……"我注意到小浩的同桌不好意思地看着小浩,两人对视,都笑了……

中午我看到小浩,他灿烂一笑,露出洁白的牙齿:"老师,我不换同桌了,她其实挺好的。"

小浩高兴了,小浩妈妈自然也就不纠结了。

在跟小浩妈妈提出与同桌友好交往这个要求前,我先请小浩妈妈让小浩自己来解决问题,用一个优秀女孩的故事暗示小浩在老师心里也是有出息的;夸同桌更是与换同桌背道而驰,最终让小浩拥有了一双发现优点、发现美的眼睛,小浩心里的愤慨与不满自然也就荡然无存了。

在心理学上,这种"得寸进尺"的做法叫登门槛效应。登门槛效应之所以灵验,首先是因为我们老师有一颗爱护孩子、理解家长的同理心。提小要求时,缩短了同大要求之间的距离,小浩在完成了我提出的小要求后,我慢慢提高对小浩的要求标准,要求他夸一夸他的同桌。小浩答应了,但他并未察觉到这一要求,其实早已背离了自己想换同桌的初衷。另外，人人都有在别人面前保持自己的好形象的愿望，小浩想做个有出息的人，不想被别人视为出尔反尔的人，所以登门槛效应就产生了作用。

做老师的会经常与家长沟通，与学生打交道，这个沟通的密码就是"得寸进尺"的爱！

（原文发表于《当代教育家》2019 年第 1 期）

从"局外人"到"局内人"

孔金妮

班主任要与形形色色的家长打交道。面对不同处境和类型的家长，如何搭建有效沟通的心灵之桥，让家长主动加入教育孩子的队伍中？实践中，我以温情为基础，将学校的力量和家庭的支持拧成了一股绳。

俗话说："良言一句三冬暖，恶语伤人六月寒。"与家长沟通时，最忌讳一上来就"真枪实弹"。班主任要时刻谨记：我不是来批评家长的，更不是来告状的。

小晨是新分到我班的学生，此前他的学习成绩和个人表现都不理想，班级因他而被扣分，小晨的妈妈没少收到来自老师的"诉状"。经过一段时间的观察，我发现小晨做事舍得下力气，对班级事务也很热心，我便将锁教室门的任务交给了他。

一天，我约小晨妈妈谈话。见面后她第一句话就是："老师，是不是小晨又惹祸了？"她一脸惭愧的样子像个做错事的孩子。"不是呀，我是来告诉你，孩子进步了。"小晨妈妈脸上的表情由茫然转为喜悦："从幼儿园开始，我就习惯老师找我告状，是你让我看到了希望。"

其实，说"好话"不仅能鼓励孩子，还能鼓励家长。有了"好话"的铺垫，家长就看到了希望，接下来再与家长谈如何让孩子好好学习、家长如何配合老师工作，自然就更轻松。后来班级举行活动，小晨妈妈总是第一个积极参与，先前的消极应付不复存在，取而代之的是对老师的信任和积极配合。有时候，争取家长的配合只需一次简单的"破冰"。

经调查发现，我班不少学生的家庭教育存在父亲缺位的状况，爸爸们忙工作、忙应酬，更有甚者忙着刷朋友圈或玩电脑游戏。在沟通中，我发现妈妈们在教育孩子方面使尽了浑身解数，却仍感力不从心。

为了让家校沟通有效无碍，也为了发挥爸爸们在判断力、大局观、执行力等方面的优势，更为了引领爸爸们正面影响孩子，我利用登门槛效应与爸爸们沟通孩子的教育问题。我组织了一次爸爸育子经验交流会，请班上在教育孩子方面表现优异的爸爸分享经验，给其他爸爸树立榜样。同时，我提出一个请求：爸爸每周和孩子一起做一次家务，时间不限，需要传一张父子做家务的照片给我。一周做一次家务不难，爸爸们都能带着孩子认真完成，因特殊情况没有按时完成的也会及时补上。我则在班级微信群里鼓励他们，形成舆论氛围，让他们能坚持做好这件事。

在学生养成做家务的习惯后，我又开始了第二步，给出三项任务：讲一件工作中发生的事、讲一个有教育意义的故事、陪孩子看一次电影，请爸爸们每周从中选两项任务并完成，一周内写一句话或拍一张照片发到班级微信群即可。有了前面做家务的铺垫，这次任务的完成率超过 95%。

就这样，爸爸们完成了一个个小任务，实现了一个个小目标，不知不觉中成了家庭教育的"局内人"，教育合力就这样在一次次沟通中形成。我的尝试也成了亲子关系的"黏合剂"。

家校沟通是为了孩子的健康成长，班主任要讲究沟通技巧，只有将心比心，才能让家校沟通有温度、有效果，有爱无碍。

（原文发表于《中国教师报》2020 年 8 月 26 日）

"3＋X"家园沟通模式的探索实践

史鸿梅　徐　芳

《幼儿园教育指导纲要（试行）》中指出："家庭是幼儿园重要的合作伙伴。应本着尊重、平等、合作的原则，争取家长的理解、支持和主动参与。"出于对幼儿园和教师的信任，家长将孩子托付给我们，双方的教育目标是一致的，都是为了让孩子健康成长。因此，教师要视家长为朋友，尊重家长的意见，虚心听取家长的建议，乐意与家长交谈，这种前提下建立的关系就会比较融洽。

孩子上幼儿园以后，教育孩子的责任就由家长和幼儿园共同承担，但家长仍然是孩子教育的最主要影响者。现在许多家长对孩子的教育有自己的想法、做法，其中有一些和幼儿园教师的观念是不同的，甚至是相反的。教师面对的是有思想、有情感，又有着不同生活、文化背景的各种各样的家长，而教师自己也是如此，这中间存在着太多不确定的因素。因此，如何做好家园沟通，共育孩子，提升家长的满意度，是一个非常值得研究的问题，它没有固定的模式，却有着无穷的学问。经过一段时间的探索实践，我们在日常实施中总结了"3＋X"的家园沟通新模式，"3"即沟通艺术的"说、写、做"，"X"则为灵动的活动形式。

一、说——交流渠道畅通，让家长畅所欲言

全力建设家委会体系，成立班级、年级、园级家委会，形成三级家委会体系。其中班级家委会建设是每班选取 6~8 名家委会成员，每名家委会成员固定包括 4~6 名家长，主要职责是联系家长，每月一次向负责范围内的家长征求意见和建议，汇总至年级家委会，再由园级家委会梳理后与幼儿园协商处理。三级家委会职责分工明确清晰，每名班级家委会成员只负责联系 4~6 名家长，且人数、人员都相对固定。一方面，保证工作量的适宜性；另一方面，促进家长之间的相熟相知、自由交流，确保既全覆盖，又有实效。每月汇总上来的家长意见和建议，是幼儿园改进保教工作的重要依据，每月召开一次家园联席会议，幼儿园和园级家委会会商家长意见和建议，形成"致家长的一封信"，利用班级群等进行统一回复，也可由班级家委会成员和家长进行点对点回复、交流。这样既保障了幼儿园与家长之间的交流渠道的畅通，也让家长感受到幼儿园的真诚。

二、写——表达心声，让家长写出评价感受

运用《家长资源调查表》，让家长填写家庭成员的兴趣特长、工作单位等，老师们能摸清每个家庭的"底细"，尤其是一些家长的特长，便于在今后的活动中将这些特长有效运用于幼儿的保教活动。如有的妈妈是牙医，有的爸爸是交警，这些都是家园共育可利用的资源。幼儿园门口设园长信箱，家长如有意见和建议也可通过信件

的方式直接反映到园长处。以教师成长档案记录的方式公开班级幼儿课程实施的评价结果，家长可以清楚地了解幼儿学习发展的情况，并在成长档案后面写上自己的感受，或者希望孩子在哪方面提升，为教师以后针对性地关注孩子提供依据。

三、做——给家长提供平台，让家长展示、用心体验

幼儿园每学期制订家长助教和家长义工认领表，每周四为家长助教、家长义工进园的活动时间，每次每班 2 名，家长助教、家长义工进行半天的跟岗活动，用家长的相机、眼睛记录幼儿在园的一日生活、游戏等。家长拍摄照片、视频，写下感想发到班级群中，未能到现场的家长纷纷表示：很兴奋、很开心、很满足、很愉悦。像这样的以一代多的活动还有很多，例如，清明节"蒸小燕"活动、端午节"缝制香包"活动等；依托幼儿园的特色活动"悦读阅美"组建家长读书群，大家共读一本书，并在群里研讨交流读书心得；在亲子漂流阅读中，家长和孩子一起参与，评选出书香家庭，并在儿童节举行颁奖活动。幼儿园各种活动都有家长代表和志愿者参与的身影，比如，毕业活动、节日庆祝活动等。通过搭建这种平台，家长沉浸式参与，使幼儿园收获了家长的信任。

四、"X"为灵动的活动形式

灵活的教师培训形式。每月师德会议都设有一个环节——家园共育案例分享。请教师讲述自己在班级中的一些与家长有关的案例，

然后一起探讨，寻求最佳解决方案。管理者在常规巡查时观察到的、了解到的关于教师与家长的交流情况，包括说话的语调、面部的表情、对孩子的关注点等都可以作为家园共育案例。放大教师在沟通过程中的优点，让大家有学习目标，同时积累一些方法，提高沟通实效。

灵活的家园沟通形式。在特殊期间家长不能入园的情况下，幼儿园实行三层沟通体系制度：班级教师—年级主任—园长，三层沟通确保每月沟通约谈率为百分之百，每月家长满意度为百分之百，班级教师将全班幼儿进行分组，教师根据家长的时间进行约谈，并将约谈的意见、建议进行梳理汇总，上报到年级主任处，年级主任针对有意见的家长再次进行约谈，并给出解决问题的方法，最后年级组上报园长处，园长再次进行约谈。这样，真心实意地为家长解决问题，让家园沟通更加实效、高效。

家园沟通模式的建构，让我们看到了家长对学前教育的理解，也看到了家长与教师主动、深度的合作。家园交流沟通的畅通、高效，使家园共育逐步凸显出个性特色，使办园水平得到全面提升。

（原文发表于《山西教育》2022 年第 3 期）

第 三 章

切进家长的内心

"很多家长就是胡搅蛮缠、无可救药……"殊不知，很多时候，我们只看到家长的强势、专断，忽略掉的可能是那背后的无助、柔软；很多时候，面对"难缠"的家长我们总是避其锋芒，却忘了可以寻找一些化被动为主动的转势技巧；很多时候，面对家长的问题，我们常常感慨、抱怨。其实，还有另外一种方式，那就是尽量从成长的专业角度解读家长的问题。

走近家长，切进他们的内心，是为了寻求更好的合作之道。

看到强硬背后的柔弱

卢桂芳

"无论如何，我都强烈要求调换座位！"我面前的家长一副盛气凌人的样子，精致的妆容因为盛怒而近乎扭曲，仿佛今天我不答应她的要求，她就决不善罢甘休。

工作中，我经常接到家长的电话，希望老师给自己的孩子安排一个合适的座位，或者挑选一名优秀的同桌。这些问题通常在和家长进行简单沟通之后，总能顺利地解决，可今天，嘉欣妈妈的问题却让我感到有些棘手。

一大早，她就陪同嘉欣来到了教室，第一句话就充满了浓浓的火药味："老师，嘉欣这段时间的成绩没有进步，你们是有责任的！"看到她的情绪有些激动，我示意她来到走廊，然后心平气和地问："嘉欣妈妈，您有什么想法可以跟我慢慢聊聊，如果老师有做得不够好的地方，我们会努力改正。"

嘉欣的爸爸从事海产品出口加工工作，为了让孩子就近入学，嘉欣爸爸在学校旁边的高档小区购置了一栋别墅，除聘有专门的家政服务人员，还请了专职保姆来照顾嘉欣的饮食起居。因为家庭条件优裕，嘉欣妈妈总有一种无形的优越感，在和老师及其他家长的交往中，居高临下是她一贯的做派。"老师，难道你没有发现嘉欣最近的状态不好吗？她一直坐在教室的最后一排，同桌也不是最优秀的，在这样的环境里她怎么会有进步呢？为什么有的孩子就能坐在第一排，而我的女儿一定要坐在最后一排？为什么那个年级第一的孩子从来都没有做过她的同桌？"嘉欣妈妈一连串的质问表达着她强烈的不满。我耐心地跟她解释着："嘉欣的状态不好未必是座位的原因。因为她个子比较高，视力也不错，为了照顾到全班同学，她的座位靠后一点儿也合情合理。有的孩子想坐到后面去，可是个子太矮，容易被前排同学遮挡视线。虽然嘉欣的同桌的成绩不是班里最好的，但是他乐于助人、宽容大度，各科都优秀且均衡发展，嘉欣还是很喜欢和他做同桌的。"

家长并不满意我的回复，这才有了文章开头那盛气凌人的一幕。"无论如何，我都强烈要求调换座位！后排再好，也是老师的目光不能触及的地方，嘉欣一直都是我们眼里的宝贝，什么时候受过这样的冷落？在家里，她一直都享受着最优厚的待遇，吃穿用度都是最好的，我希望她在学校里也能得到最好的教育，包括最好的座位和最好的同桌！"家长的语气已经有些咄咄逼人。她所说的"后排再好，也是老师的目光不能触及的地方"，实在是对老师工作的误解。全班四十个孩子，每个孩子都在老师目之可及的地方；她口口声声说要给孩子"最好的教育"，可她并没有理解"最好"的深层含义。她只是从自己的角度出发，一厢情愿地认为最前排、最中心的座位和成绩最优秀的同桌，才是她所能给予孩子的"最好的教育"，岂不知过分强调和追求外在条件，让她忽略了精神层面的因素和孩子的内在需求。固然她舐犊情深，希望孩子能拥有最优秀的教育资源，但不分青红皂白地干预学校教育工作未必有利于嘉欣的发展。看来，我需要同她进行一次长谈，跟她聊聊孩子的情况，才有可能缓解她的焦虑，消除她对老师工作的误解，进而平息她的满腔愤慨。

　　我将她引进旁边的办公室，然后给她倒了一杯温水，温和地对她说："嘉欣妈妈，刚才您在讲台上经过，您应该也看到了嘉欣的位置其实距离老师并不遥远，恰好在老师抬眼就能看到的地方，第一排的座位虽然在老师的眼皮子底下，却不如第三、四排更容易引起老师的关注。更何况，除了板书，老师们并不是一直都站在讲台上，学生们做练习的时候，我们通常是巡回指导的，您的女儿身后有很大的空间，更方便老师停留指导。我能理解，您一直想给孩子最好的条件，包括最好的教育，但什么是最好的，答案有待商榷。咱们都知道人参、鲍鱼是滋补品，那您是不是天天都给她进补这些？"我微笑地看着家长。她愣了一下，连连摇头："那怎么可能？滋补品虽好，小孩子哪能天天吃呢！"我微微一笑："看来您还是很懂营养学的嘛！是啊，滋补品虽好，小孩子却不能天天进补，为什么？因为不适合。如此看来，什么才是最好的？合适的就是最好的。班里有四十个孩子就有四十个座位，作为老师，我力求让每个孩子都坐在最适合自己的座位上，也力求他们每个人都能和最适合自己的同学成为同桌。虽然孩子是父母的全部，但是您也要知道，每个孩子在老师的眼里也是独一无二的，都是需要被细心呵护和耐心辅导的。

您说嘉欣最近的状态不大好，只怕您只关注到了她的学习，却忽略了她在其他方面的表现。嘉欣和同学相处很愉快，大家都喜欢她温婉的性格，许多同学都想和她成为同桌。为了更好地让她在学习上不断进步，我才一直没有给她更换同桌，因为我发现她和同桌之间的配合很默契。不信，一会儿您可以去教室观察一下，也欢迎您去教室听课。至于学习，我不得不和您说实话，嘉欣是个慢热型的孩子，在我讲授新课期间，她的接受速度较慢。但是慢热型的孩子有一个特点，那就是扎实，在知识完全消化之后，记得比较牢固，成绩自然就会提升的。"

听了我的解释，嘉欣妈妈的表情有些缓和，看得出来，她有些认同我的观点，却还是不肯轻易放弃自己的想法。话已至此，我已经不需要过多的解释了，将决定权交给家长也许更利于问题的解决，于是我话锋一转："当然，如果您坚持要给嘉欣调换座位，我会配合的，毕竟您说的也不是没有道理，班里四十个座位，没有哪一个座位一直属于一个孩子。但凡家长提出来的合理建议，我都会采纳，毕竟老师所做的一切也都是为了孩子，只不过与家长的关注点不同，老师关心的不是某一个孩子，而是所有孩子。当然，您也要有心理准备，嘉欣的座位和同桌可以由您来选定，只是在学校的生活和学习方面，您未必比老师更了解自己的孩子；最关键的一点，您对其他孩子更知之甚少。如果您不介意嘉欣需要一段很长的时间来适应新环境的话，我们可以尝试改变，我会全力配合。"我的这番话让嘉欣妈妈深感意外，她没有想到我会同意给嘉欣调换座位和同桌。但很显然，她也顾虑到女儿的慢热型性格需要一定的时间来适应新环境。在短暂的沉思之后，她一改来时的怒气冲冲，有些窘迫地说："老师，不好意思啊，我担心嘉欣的状况，脾气有些急躁了。您的话很有道理，我最近忙于照顾生病的老母亲，忽略了嘉欣……"

细想一下，教师在工作中，经常会遇到一些家长，他们觉得自己家庭、事业成功，就以居高临下的姿态对学校的教育或教师的工作横加指责，其气势之盛、言辞之烈，足以让每一位教育者难以招架。教师要做的就是以自己的人格魅力和知识来诠释教育，教师温和而有礼的态度、周到而深入的思考及充满智慧与技巧的交流都有利于问题的及时解决。只要我们深入思考就会发现，其实所有的问题都归结于一个点，那就是孩子的教育和成长。所以，当沟通问题发生时，教师要做的就是，站在家长的角度，从家长的关注点出发，寻找问题的突破口，然后借点发力，通过有理有节的交流与沟通来取得家长的认同与支持。毕竟，人同此心，心同此理，就像嘉欣妈妈，她开始的态度居高临下、盛气凌人，然而，在所有的强硬背后，也有她内心的柔弱，而我能够轻而易举地消除她对我的敌意，最终让她认同我的观点，完全是因为我找到了问题的突破口，那就是对孩子的关爱和期望。从这一点来说，家长和教师从来都不是对立者，而是同盟军。

（原文发表于《班主任之友》2019年第7、8期）

和风煦暖的另一面

杨雪梅

"我敢说，强的妈妈是我担任班主任以来遇到的最通情达理的家长！而强，则是一个让妈妈操碎了心也让我伤透了脑筋的孩子！"

班级管理日志上，我洋洋洒洒地写下这段话时，就好像看到那个顽劣执拗的强把妈妈折腾得满头大汗，正穿过马路向学校走来。

一年前，强从外地转到了我的班级。"老师，我家孩子虽然手脚不灵便，骨子里可野着呢，不但爱打架，还有自虐倾向，您多担待些。要是他不听话，您该打打、该骂骂。我真是觉得孩子越有缺陷，越不能放松对他的要求，不然父母离开了，他就没法独自生存了。"把我拉到门外，强的妈妈掏心掏肺地说了这番话。在谈话中我也了解到，强的爸爸几年前在一次意外事故中丧生，妈妈带着他独自生活了好几年。"别人给我介绍过很多对象，我就一个条件，得能接受我这个残疾的儿子。现在这个爸爸对他挺好，我们又给他生了个弟弟。我更疼爱强，因为心疼，才不能放任不管。但我不懂教育，怎样做对他最好我不知道，老师您告诉我，我一定努力去做。"在特殊教育学校，这么明事理的家长并不多见。很多父母要么出于补偿心理溺爱孩子，要么就不管不顾，恨不得把孩子永远扔给学校。

可强的妈妈真不一样，人家既不惯着孩子，也从不弃之不管。碰到原则性的问题，比如，不想上学、不愿参加康复训练，她虽然不会打骂，但也从不向孩子妥协，总是耐心有度地坚持对孩子的要求；她也时常在送强来学校时带些零食、干净衣物给其他家庭困难的孩子；每次走进教室，不论哪个老师在忙什么，只要她能做的，准会搭上一把手。"老师们为这些孩子操碎了心，我这当家长的看了都感动，能帮上点什么忙我这心里才舒坦……"她总这样说。

"如果每个家长都能像强的妈妈这样，再顽劣的孩子交给我，我也不怕！"同事们纷纷感慨。可我还是怕，怕强那副仇视所有人的表情指不定什么时候出现，惹出事端，怕自己教育不好孩子辜负了这么阳光热心的家长对我的期待。

为了强，我研读了大量教育学、心理学的专业书籍，尝试把不同的心理疗法用在强的情绪转化中，却没什么效果；我也多次联系家长登门家访，希望能通过面对面的交流，打开孩子的心结，可每次强的妈妈都是虚心请教，频频点头，强却是爱搭不理，闷不作声，我只能无功而返。问题出在哪里？要如何解决？我实在没什么头绪，也开始相信：总有些孩子的教育和转化，是一种看不到光的渺茫。

在强无数次地因为一句话、一个眼神和一次游戏而对同学非打即骂后，我的耐心终于达到了极点："你这个孩子，都十四五岁了，也该懂事了！你在学校里天天惹事，对得起你妈妈吗？她那么爱你，风里来雨里去的，又得照顾弟弟又得为你操心……"我的话还没吼完，就见强"啊"的一声捂住了耳朵："她是个骗子，她只疼我弟弟，你自己看呀！"强捋起衣袖，指着胳膊上那青一块紫一块的伤痕，"你看呀！"然后趴在桌子上呜呜大哭，再也不肯抬起头来。

在强撕心裂肺的哭声中，我感到了说不出的讶异：什么是真？什么又是假？一年多来，那个眼里有光、心底有爱的母亲是真是假？眼前这个恸哭不已、苦大仇深的孩子是真是假？……前所未有的困惑将我深深围裹。

最后一次踏进强的家是在一个深秋，没有预约，没有准备，只因那个周末眼前总晃着强伤痕累累的胳膊和失声而泣的样子，临时起意想再去看看。

还没到强的家门口，强那暴怒的吼声、哭声已率先入耳。几个年长的邻居坐在街边叹息着："这个小媳妇，不是一般的凶，残疾又不是孩子的错，这可是她自己身上掉下的肉，怎么舍得……"话还没说完，就听见一个恶狠狠的女声传来："和你那个死鬼爸爸一样一样的，都是废物，看我不揍死你！"接着，又是一阵更惨烈的哭声。那个女人尖锐的声音，并不陌生，是强的妈妈。

我的突然出现显然大不合时宜，强的妈妈尴尬了几秒钟，很快便振振有词地说："老师，您说说这么大个孩子，动手打两岁小孩，那还是他弟弟，我今天被他气死了！""你都不让我进屋，我怎么能打着他？"强又哭又吼。"你还狡辩，看我不揍……"看到我护住了强，那个平时如和风一般的女人冷眼指着门外："就算您是老师也不能干预我的家事，不送！"……

"你是老师呀，这个孩子真可怜，在学校还能享点儿福！""刚嫁到村里时，大伙儿都夸这个小媳妇是个好性子人，可没几天就让人大跌眼镜。""本来就嫌大儿子是个残疾人、是个累赘，有了小的后就更是天天打骂大儿子，一看她把孩子接回家我们就知道，可怜的孩子又有罪受了……"那声声议论，似一把锋利的刀，一点一点刮开了残酷的真相。

那也是我和强的最后一次见面。往强的家里打过几次电话，要么无人接听，要么被反复接起再挂掉。"强去东北他姥姥那上学了，别再骚扰我们，要不然我就去告你！"最后那次，一个男人接了电话，恶狠狠地警告我。

我听过武志红老师的一段讲座，他说，孩子就是家里的一面镜子，会把家里存在的所有问题都映照在自己这面镜子里。遗憾的是，那时自己所做的努力，竟然疏忽了家庭这个成长的源头。其实，面对成长中的那一个个鲜活的生命，自己仅有一双明亮的眼睛是远远不够的，更需要有一颗善于洞察的心。和风煦暖的另一面未必就是风平浪静，也可能是暗流汹涌，就像那个一直面带笑容的妈妈，就像那个身心早已满是伤痕的强……

（原文发表于《班主任之友》2019 年第 5 期）

为一位母亲放手

杨雪梅

学校开设的"阳光家长课堂",由我率先开讲。

既不想用高水平的理论给家长们催眠,又希望这次讲座能对家庭教育有所帮助,几经思量,我决定以"顺应心理,孩子更合作"为主题,从生活中实实在在的案例出发,和家长们聊一聊与孩子沟通的小技巧。

经过一番调查预热,我抛出两个问题:孩子不听话,是不是因为我们不会"听话"?孩子不听话,是不是因为我们的话不好听?这两个问题很快就将家长牢牢吸引到讲座中来,而那些源于生活、取自身边的小故事,更是让他们兴味盎然,纷纷予我以回应。

近年来,对心理学的探究让我更习惯于用眼神来互动。以往对讲座提不起兴趣的家长今天如此给力,我自然更愿意用眼神送上温暖而充满善意的鼓励。我一边讲述沟通中同一问题不同回应带来的截然不同的效果,一边含笑扫视今天在场的一张张对我有所期待的脸庞。当我的目光滑过一位黄衣母亲时,原本明亮的心情倏然蒙上了一层阴影:那张脸上挂满的是什么样的表情呢?空洞、失望,甚至还有那斜瞥了我一眼中无尽的厌烦……"这是为什么?"我心头一惊，瞬时打上了满满的问号。

讲述还在继续，家长们的热情也还在持续，我再次将目光从黄衣母亲的一脸不耐烦上扫过，模糊的答案在心底呼之欲出。一念转起，我做了个仓促的决定："一会儿孩子们就要出校，我想大家可能也需要些时间为孩子整理东西，所以今天我们先聊到这儿吧！关于这个话题，大家如果还有话说，会后也可以与我继续讨论。"故事被压缩，长话短说，我尽己所能匆忙地将这场讲座收了场，然后长舒一口气。

目送着黄衣母亲迅速离场，我又为围上来依然有话可说的家长一一解答。解答完毕，我一个人瘫坐在椅子上，陷入了沉思……

"怎么像赶场一样提前结束了呢？"见我坐在那里一脸凝重，一直在旁边关注整场讲座的领导质疑后马上又安慰道，"不过没关系，效果真挺好的，要不家长也不会一直围着你有说不完的话。不过，那边有位穿黄衣服的家长你认识不？一脸的不耐烦，她怎么回事……""我不认识，没有关系，她没影响到我！"原来，细心的领导也关注到了会场的异常。我心虚地摇着头。

为什么提前结束呢？原本从容的安排演变成了仓促的结局，是否值得？在匆匆做出决定的刹那，答案已经毋庸置疑。那一刻，想法很简单，我只想对一位母亲放手！

黄衣母亲我是认识的，她是八年级聪的母亲。刚入学时，我曾担任过聪两年的数学老师。那个清秀漂亮的男孩是孤独症患儿，他从不会回应别人的呼唤，更不曾主动与人交流，每天都是静静地呆坐在位子上，面无表情。每每目光触碰到这个安分得有些出奇的男孩，心底都有软软的痛肆意蔓延。时光荏苒，孩子依然沉浸于别人无法读懂的封闭世界里，而母亲也已在长久等不到花开的煎熬中慢慢消沉、衰老……

当目光一次次捕捉到这位母亲的焦躁不安时，我幡然醒悟，自己大谈特谈的沟通能力恰恰是聪所不具备的。于是，这场看似很合时宜的讲座便戳到了一位母亲心头从来未曾愈合过的伤口；于是，众人热烈的回应声、赞同声便如同一粒粒盐撒落心头，让她的痛感加剧。在她越来越苍白、越来越厌烦的脸上，我知道有双无形中扼住咽喉的手，正令她窒息难受。

缺失了的完美可以慢慢补救，错过了的精彩下一站可以找回，而一位母亲破碎的心要如何缝补？放一放手，让痛轻一些、再轻一些，无论何时，我都愿意去尝试……

（原文发表于《当代教育家》2018 年第 3 期）

刺棘的另一面，往往有我们看不到的柔软

我，一名特殊教育学校的班主任，无论遇到什么样的家长，始终都愿意坚守着我的班级。因为，我看到的、感受到的，不仅有家长的蛮横无理、咄咄逼人，还有他们不为人知的另一面……

一、粗犷泼辣背后的真与善

圆滚滚的辉一脸横肉，调皮捣蛋打架斗殴的事没一件和他扯不上关系。很多老师警告过我："一个孩子的德行有没有可能变好，看看他背后站着什么样的家长就行了，辉的妈妈，简直就像个'女老大'，这样的家庭里出来的孩子……"

初次"交锋"，是在我成为辉的班主任的第二周。周一早上，下了汽车想换乘公交车赶往学校时，一个大嗓门儿在后面直喊："杨老师，你站住，我要打的送我儿子，顺便捎你一程！"转过头来，便看见那个和辉脸上的横肉如出一辙、凶巴巴的女人一手叉腰，一手指着我："我叫你好几声了你都听不见，辉说你是他老师。"到了学校门口，见我要付钱，她又一声吼："你们老师挣那几个工资能干什么呀，不用你付！"我讪讪地不知如何接话，只感觉自己脸上火辣

辣的。

第二次打交道，是因为辉在学校打伤了另一个有听觉障碍的学生，我把她"请"到了学校。当听说是那个学生先打手势骂了辉后，这位母亲操着满口粗话从椅子上蹦了起来："这样的小屁孩就该打，要是我，会打得更狠。打坏了赔钱我也乐意，先出了这口气……"这样的家长，经验丰富的老班主任都拿她毫无办法，我这个新手又能怎么样和她打交道呢？在与她相处的很长一段时间里，我都小心翼翼的，生怕引火烧身。

可有时候人越怕什么就越来什么，寒假后开学没几天，天大的祸事就被我碰上了：辉伙同另外几个有听觉障碍的学生半夜跳窗逃出了学校，如同石沉大海般没了音讯。得知消息后，辉的妈妈火急火燎地赶到了学校，听完其他老师讲述事件经过，又转头看了看已经近乎瘫在那里的我，这位泼辣无比的家长开了口："杨老师你放心，我自己的孩子是什么样我知道，他就是一个不安分的捣乱分子，就算真的找不到了也绝对和你没有半毛钱关系，你别担心。"

哪个母亲不爱自己的孩子呢？又有哪个母亲在得知自己的孩子不知所终之后不会抓狂呢？可在找寻孩子最煎熬、最痛苦的那半个月时间里，每次到学校，辉的妈妈都先走进教室安慰我："这和你有什么关系呢，你又不是他肚子里的蛔虫知道他要干什么，就算知道了你还能二十四小时不睡看着他吗？"

半个月后，在警方的协助下，几个孩子从南方的一座小城里被带了回来，学校对学生做出了开除的处分，我这个班主任在年终考核中也被定为不合格。在那个教师富余到随时准备下岗的年头里，我率先进入了"待下区"。可这些打击都没有改变我要继续做班主任的决心，因为在那段昏天黑地、无所依靠的日子里，一位人人谈之色变的家长给了我最大的包容和理解，她让我看到了粗犷泼辣背后人性本质中的真与善。

二、终生柔软的感激

在办公室里聊起学生家长，大家坦言："这年头天不怕地不怕，就怕不讲理的家长来学校耍赖。"于是，我的眼前便总是晃动着一个老人蹒跚的身影。这两年她一直没有再来看过我，不知道老人家是否安好。

十几年前，那时候我刚转到启智班担任班主任。一个自称宁姨姥姥的人，在走廊里上演了一出快速"变脸"的大戏。"领导，老师，求求你们了，这个孩子她妈精神不正常，她姥姥也就是我的姐姐年纪大，谁都没有办法好好照顾她。你们就行行好收下她吧，我保证她出了任何安全问题都和学校无关……"

宁是个插班生，刚从普通学校转来。在例行的调查中，学校就问过孩子是否有什么疾病，送宁过来的人拍着胸脯再三保证："除了智力低下，别的什么毛病都没有。"可不到一周，宁便口吐白沫倒在了操场上，浑身抽搐成一团。在特殊教育学校工作久了，大家都知道，这是典型的癫痫发作症状。这种风险谁也不敢冒，万一哪天孩子出了意外，责任可是担不了的。于是，学校便通知家长来把孩子接回家，因为癫痫病超出了特殊教育学校招生的范围。

乡下来的姥姥一把鼻涕一把泪地不知所措，可旁边陪同而来的姨姥姥却不是"省油的灯"，这个精明的城市老太太先是大倒苦水拉同情票，见学校一口咬定没办法承担这样的风险后，便连哭带闹地折腾了起来，要上访，要找地方告状，要在学校门口哭闹，让路人都看看这个没有同情心的学校，最后她索性坐在学校门口赖着不走了。

看着在冷风中瑟缩着不知所措的孩子，我有些于心不忍，便想带孩子进教室喝口热水。没想到，这一举动竟为我自己招惹了麻烦：姨姥姥赖在我的教室里软磨硬泡着，又是作揖又是下跪，就是不肯离开。最后，实在被缠得无可奈何的我，只好把孩子留在了自己的班里。"愿揽事，那以后出了什么事你就自己担着吧！"领导一脸恨铁不成钢的无奈。"那老太太一看就不是个好对付的主儿，和这样的人打交道，以后你就等着找罪受吧！"同事们满脸同情。

随后的几年里，姨姥姥便成了宁的监护人，吃穿用度都由她提供，学校里有什么急事，她也总是第一时间赶到处理，并没有找我什么麻烦。在宁毕业前的最后一次家长会上，这位精明难缠的老人拉着校领导的手，说："你们杨老师就是我们家的恩人呀，这些年孩子跟着她学到了不少生活技能，没有她，哪有我家孩子的今天呢……"激动的诉说中，姨姥姥泪流满面。

每年新学期开学，老人都如当年送宁上学时一般到我的教室里看看，拉着我的手不停地表达谢意。最后一次见面，望着她手挂拐杖、步履蹒跚的样子，我才惊觉：孩子竟已经毕业那么多年了，那个当初低得下身段也强硬得起来的老人也早已苍老得不复当初，只是，她对我的感激和惦记已很多年，未曾褪色。

没有人知道，当年那个看起来很无赖的老人软一招硬一招，竟与我结下了一段不解之缘。她也肯定未曾料到，那段过往竟在我心里生了根、发了芽——一名班主任无意留下的温暖和善良，竟可以换来终生柔软的感激，这样的幸福只有经历过的人才会懂得。

常有人问我："是什么支撑着你在特殊教育班主任岗位上坚守了那么多年？是对孩子发自内心的喜爱，还是对教育一往情深的守望？"都是，但也不全是。我想最能予我触动的应该是那些看起来形形色色、禀性各异的家长，无论我最终是否带领孩子们走向美好的未来，那些看起来带刺的家长却最终都将最柔软、最人性的那一面展现给了我，含了感动，带着微温。

（原文发表于《班主任之友》2020 年第 1、2 期）

软硬兼施："三招"扳倒强势

杨雪梅

"哎呀，校长，你们这学校里的保安该换人了，进个门像审犯人似的，我是学生家长，可不是他的看管对象。""什么，这次的班主任呀，我很满意，就是这个小老师太有脾气了，我斗不过她，不过……"即便教室的门紧闭，也挡不住外面走廊里这个人肆意张扬的喧哗声，我真是哭笑不得。

"凯文爸，你看现在都几点了？说好十一点来接孩子，你又迟到了，就这样怎么给你儿子做榜样？"拉开门，绷着脸，我一嗓子就止住了这喋喋不休。教室外，终于脱了身的校长揉了揉额头，长舒了一口气……

我是凯文入校不到一年来的第四任班主任。前两任班主任被凯文爸"炒"了，理由是"不接受家长合理建议""不懂如何教育学生"；第三任班主任接手一个月后找到领导："有这个家长，我没法干，要么让他把孩子领回家，要么我不做班主任。"在"对特殊儿童无条件接纳"的大背景下怎么可能开除学生呢？于是，我就成了那个"悲催"的第四任班主任。

关于这个家长的"光辉事迹"，在学校里广泛流传：孩子入学第一天，他就自发站上了讲台对其他家长大谈教育之道，俨然是学校请来的专家；一周后，一封长长的"建议信"就躺到了班主任的桌子上，大到学校活动安排，小到自己孩子心灵成长，事无巨细地表达了他完全从自己出发的观点；当那些让人哭笑不得的建议被委婉地"考虑"后，他越发如鱼得水，一天好几通电话打到班主任那儿指点……临接手前，校长找到我："知道你也不愿意和这样的'刺头'打交道，但也只能先这么安排，实在不行再另想办法吧！"

一、"晾"出来的安分

"你就是这个班的班主任吧？"他边指着我边领着孩子走进教室。原本就对这个大腹便便、油光满面又故作姿态的家伙没什么好感，这一开口，我更是在内心毫不犹豫地给了他一个差评。

"喂，老师，你们这教室里桌子为什么摆成弧形的，别人的教室都是排了两列三排，整整齐齐的，你看你……"瞧，一进门当着全班学生和家长的面，就不安分地对我指手画脚，这样的人谁会喜欢？"凯文是吧，我是杨老师，欢迎你来到启智五班，这是你的座位，先坐下来整理一下好吗？"不想理会那个颐指气使的家长，我拉着孩子的手走到座位上，和他一起把学习用品摆放好。

"那个，老师，我儿子凯文他今天早上……"见我终于抬起了头，他忙不迭地又开口。"各位家长，请保持安静，利用这次返校的时间我们开个简短的家长会！"不给他开口的机会，我走上讲台把近段时间班级的活动安排做了简要介绍，然后告诉家长们，数学老师正在门外等候上课，家长们离开时要保持安静，并记得周五按时来接孩子。

门外，凯文的爸爸转来转去，见我露了面，他连忙凑上来。"你可以回家了，我这里有你的电话号码，如果孩子有什么事我会及时和你联系，我不联系你就证明孩子在学校里一切都很好。""晾"得也差不多了，我现在就一个想法，让他赶快离开。"哦，那个，那个……那我就走了？"他有点儿不情愿，又有点儿无可奈何。"你老在这里转悠，孩子哪有心思上课？快回去吧！"听我这么一说，他快快地出了校门。看来，"孩子怎样"果然是能牵扯住他的那根主脉。

"怎么样？怎么样？"一回办公室，同事们就围了上来，"见识过那个家长的难缠了吧！""见识了，可我不理他，'晾'了一会儿就把他打发走了！""还可以这样吗？"……

"晾"都"晾"了，又有什么不可以呢？至少这第一回合的碰面，主动权还掌握在我这个班主任手里。

二、"压"下去的奢想

因为手里握着他的主脉——孩子的成长，所以我们之间的相处倒也相安无事。无论他提出什么疑问，只要我坚持自己的做法才是最适合孩子发展的，并有理有据，他倒也无话可说。

不过，从他平时的言谈间，我依然捕捉到了一些不合理的信息。比如，听说谁家的孩子上大学了，他就会无限神往地说"等我家凯文上大学……"；听说哪个事业单位要招聘人，他就会说"我儿子将来要怎样怎样"。我一直想找个机会和他聊聊这个话题，又始终不知道面对这种"不按常理出牌"的家长该怎么开口。

"杨老师，你是哪个大学毕业的？"鉴于这两个月来他表现尚好，我和他之间的交流便多了起来。但我有我的原则：他好好说话时我就带着笑应上几句，他要是扯着嗓子吆五喝六，我脾气绝对比他还大，这样油盐不进的老师反倒弄得他一点儿办法都没有。"我不是大学毕业的，是中专毕业的。""哦，原来是这样呀。杨老师，老实跟你说，我对我儿子也没有太大的奢求，只要他将来能像你一样上个中专，当个老师就行了，拜托你了！"话一出口，来送孩子的几个家长都被他"雷"得呆愣了。

"凯文爸，"我严肃地开了口，脸色肯定不怎么好看，"这对面是实验二小，二小旁边是实验二中，你可以把孩子转到对面学校去，初中毕业了就能考中专了。当然了，我们学校往北二公里还有高中，从那里毕业的话上大学也是可以的！""哎呀老师，你看你这话说的，我家孩子这情况送二小人家也不要呀，不然也不会送到特校来了。"他讪讪地说。"你也知道咱孩子特殊，才送到这里来了，你也知道人家普通学校不收是吧，那你就应该知道孩子的学习能力是有欠缺的。现在你让我把你儿子培养成老师，我可没这个本事，哪儿能做到你就送哪儿吧！"……他的脸红一阵白一阵，站在那里很是不自在。自己的话说得很重，但我不后悔，因为有些真相总得有人揭开。

"大家对咱们孩子有什么期望呢，不妨聊一聊。"想让他彻底地清醒一下，也想听听其他家长的声音，我把问题抛了出去。"孩子这种情况，能自己挣口饭吃，我就知足了。""是呀，父母也不能陪伴一辈子，我就希望她能够学些生活、劳动技能，自食其力。"……我肯定了大家的想法，并提供了几点建议，于是，家长们围了上来，只有凯文爸尴尬地站在圈外，不知道怎么插嘴。

同事们笑称这是赤裸裸的孤立式打压。如果打压能够让一个人清醒地直面现实，铲除心中那不合理的认知，多"压"几次又何妨呢？

三、"夸"出来的配合

"到底是个明事理的人，凯文爸的做法我很欣赏：对孩子放手，自己的事情自己做，这样才能更好地提升他们的生活技能！"五一劳动节假期回来，当凯文说他自己洗了毛巾的时候，我却不着痕迹地把他爸爸表扬了一通。毕竟，"晾"着"压"着，都只能保证家长不来左右我的工作，却不能达到最理想的育人效果。要想让家长全力配合我，还得把他变成"自己人"。

"哎呀老师，我是个不懂教育的粗人，你怎么说我就怎么做。"他摸了摸后脑勺，有些不好意思。我心里亦有些小得意，这么激动肯定从来没被老师表扬过吧，这么难缠的人谁会主动表扬呢？可我偏偏就要反其道而行之。

我的表扬不着痕迹，但总能让凯文爸爸的脸乐成一朵花。他从家里给班上一个贫困男孩带来了些换洗衣服，我会说："你这个人看起来粗枝大叶的，有时候还真挺细心，我都没注意到他老穿那一件衣服。”他吆吆喝喝地要顺路捎小文和奶奶一程，我会说：“本来做了件好事，都被你那大嗓门儿破坏没了。”……从他的“嘿嘿”中，我知道这样的说话方式让他很受用。

“杨老师那脾气像小辣椒一样，可惹不得，但人家讲理，我就服她！”“告诉你们，我们班杨老师，那真是个好班主任，你家孩子就好好跟着她学习。”这是不同家长转述来的凯文爸对我的评价。回想起与他打交道的点点滴滴，我又何尝不是受益匪浅呢？作为班主任，我既得为这位家长听诊把脉，又不能一味强硬或谦让。但阻力再大，顽石再坚，我们还是可以做些力所能及的事，让改变在不知不觉中发生。

我们所从事的教育并非一直面对良田一亩，有时候，我们是站在盐碱地上的，这是最无可奈何的境况。不过我坚信，如果懂得转化、比对，在逆境中或许也可以结出香脆甜美的果实，就像我用“三招”扳倒了那虚假的强势，收获了意外的柔软一样……

（原文发表于《班主任之友》2019 年第 7、8 期）

远离触碰"底线"的鼓励

毕丽丽

　　为人父母，闲暇时最爱谈论的话题大概就是"孩子"，大家互相诉说着自己的苦衷，并羡慕着别人家的孩子，总希望别人家的孩子是自己家的。当别人表扬自己家的孩子时，做父母的总要说一些孩子的缺点以表示谦虚，有时甚至不惜当着孩子的面说出这样的话，殊不知这已经触碰了孩子的底线，给孩子带来的是莫大的伤害——我以前就是这样的妈妈。

　　当朋友表扬我儿子的时候，我总是习惯性地接上一句："好什么呀，这孩子太懒了……"没想到，我本无心的一句谦虚之言伤害了孩子的心。一次外出回来，儿子很认真地拉着我的手，要求和我谈一谈。他说："妈妈，我今天特别伤心，你知道吗？因为你老在别人面前说我懒，我都告诉你不要再说了，你还要继续。难道你就没有看到我的努力吗？难道在你的眼中我只剩下懒了吗？……"儿子一边诉说着心中的委屈一边抹眼泪。我很惊讶，我认为我说的是客套话，没想到这些话给孩子造成了伤害。我解释道："儿子，你不要太敏感，你自己说你平时是不是比较懒？""妈妈，我知道我有时候时间观念不是很强，但你不要老在外面说，你可以在家里提醒我，你一跟别人说我懒，我就觉得大家都在笑话我。"还别说，这我真没想到。也许孩子大了有自己的想法，这对他来说，是一件让他没有面子的事情。看着儿子不停地抹眼泪，我的心里也很难受。是呀，我一直认为孩子不在乎，我一直以为自己是开玩笑，但没想到孩子会对这件事情这样反感，我在不经意间伤害了孩子。

这件事情对我触动很大，事后我想了许久，为什么儿子会那样伤心？其实我做了大部分妈妈都会做的事情，那就是当别人夸奖我们的孩子的时候，客套性地说点儿孩子的缺点，以表示谦虚。语言上听起来像吐槽，语气却是在炫耀。言外之意，孩子现在不是特别优秀，只是因为懒，一旦孩子勤奋起来，前途是不可限量的。也许，有时候我们并不是有意地去触碰孩子的底线，但那会给孩子造成巨大的心理伤害。

老话常说："骂人不揭短。"在行事风格上，我们成年人早已熟悉这样的一套不成文的"潜规则"，那就是不要揭别人的短，不要触碰他人的底线。然而，何止成年人有底线，孩子同样也有自己的底线！想做个合格的父母，就别触碰孩子的底线，哪怕是开玩笑也不行。每个孩子都有个性，我们做父母的，要充分发挥孩子的优势，正确鼓励，不贴标签。"金无足赤，人无完人"，我们大人都做不到完美，何况孩子们呢？这让我想起了我们常常说的一句话："我们用放大镜挖掘孩子的优点，用显微镜看孩子的缺点，强化优点，忽视缺点。"作为老师，面对学生时，我尚且可以做到这点，可为什么在面对自己孩子的时候却将它忘得一干二净呢？

于是，我郑重地向儿子道歉："儿子，对不起，没想到你这么在乎这件事，从此以后妈妈再也不在外人面前说你懒了；你也要答应妈妈，凡事自己要有计划，把握好时间，可以每天给自己列一个计划表……"就这样，我们的谈话愉快地结束了。

其实，每个孩子都是独特的生命个体，他们不仅需要被爱，被保护，他们更渴求得到尊重和理解。当我们希望自己的孩子更优秀的时候，要用正确的方法鼓励孩子，而不是触碰孩子的底线，伤害他们。

一、鼓励要具体明确

家长对孩子的鼓励是很重要的，但是在表扬、鼓励孩子的时候，也要有具体的目标。比如，最近一段时间，你希望孩子能够把他拿的东西放回原处，那么就要针对具体的事情提出表扬。表扬的话越具体，孩子越容易明白哪些是好的行为，越容易找准努力的方向。在表扬的时候我们一定要强调是因为什么而表扬孩子。例如，孩子看完书后，自己把书放回原处，摆放整齐。如果这时家长只是说"你今天表现得不错"，那么表扬的效果会大打折扣，因为孩子不明白"不错"是指什么。你可以对孩子说："你自己把书收拾得这么整齐，我真高兴！"另外，我们在表扬孩子的时候，也可以看过程，因为他们在做某件事的时候往往暂时还没有什么结果，但是孩子认真做的过程也是值得我们去表扬的。我们只有让孩子意识到，当他们做这件事时，努力是会换来鼓励的，他们才会更加努力，这才是对他们最好的激励。

二、鼓励要立足现实

孩子做某件事情失败后，作为父母，我们要学会立足现实，不能因为孩子没达到自己的期望而一味地指责孩子。每个人都是从错误中成长起来的，我们何尝不是这样的呢？所以不要对孩子过于苛刻，抓住孩子的小错误不放，忽视孩子的改变与进步。在孩子失败后，我们作为他们最亲近的人，要适当地鼓励他们，强调优点，弱化不足，这样才能让他们勇敢地再接再厉。例如，孩子在画画的时候，将颜色填充得一塌糊涂，原本画得还不错的画面变得面目全非，这时候我们可以尝试这样说："你的构图很大胆，我很喜欢；如果下次将颜色涂得更均匀一些，相信会更好看的！"

三、鼓励要换位思考

家长不要以为很了解自己的孩子，总是以自己的标准来评判孩子。《庄子》中有句话这样说："子非鱼，安知鱼之乐？"我们不是孩子，怎么知道孩子到底是怎样想的呢？孩子可能会因为一件小事而获得成就感，我们成人也许无法感受得到。所以，我们要学会倾听孩子的心声，站在孩子的角度去鼓励他们，这样可以更好地帮助他们审视自己，用他们眼中的成就去促使他们不断进步。例如，可以对他们这样说："我明白，你在解答这个题目上努力了很长时间！你能和妈妈说说你的想法吗？你可以做哪些改进呢？"

最后我想说的是，家长的尊重与鼓励在孩子的成长过程中是一剂良药，但切记不要触碰孩子的底线。在教育孩子的时候，我们一定要用正确的方式去表扬、鼓励他们，让孩子从小做充满自信、有责任感、有进取精神的人。

（原文发表于《教师博览》2022 年第 5 期）

妈妈，请将书包还给我

刘艳霞

寒风中，我站在路边护送一批批学生过马路。

远处，一个小男孩在妈妈的牵领下来到我的身边，我拉着他的手，准备等车少时再过马路。那位妈妈并没有转身离开，而是站到了队伍的最前面。"妈妈，把书包给我。"小男孩突然说。听到小男孩的话，那位妈妈回头愣了一下，然后微笑着说："没事，我拿着，正好我要到对面去。""妈妈，把书包给我。"孩子有些着急，边说边将手伸向妈妈。"我拿着，一会儿再给你！"妈妈声音有些严厉，小男孩无奈地将手缩了回去。就这样，直到我们穿过马路，妈妈才将书包给孩子背上。

我没有去拎那个书包，也不知它到底有多重，但我想，即使书包里只装了一本书，这位妈妈也绝不会把书包提前给孩子，因为她觉得孩子太小了。回头看看路上，也有不少是父母背着书包，孩子两手空空的。

在家里，大人更是成了孩子的保姆。"妈，我饿了。""妈，我想吃可乐鸡翅。""我渴了。"……大人跑前跑后，不断地满足着孩子不同的要求：渴了递水喝，冷了给衣穿，饿了给吃的，甚至半夜还会起来给他们盖被子……这样的长辈真是伟大，从早到晚为孩子操碎了心！

如果仔细想想，你会发现大人对孩子的这些行为是"有据可查"的：爷爷奶奶辈的，总是喜欢不停地喂孩子吃饭，吃饱了还要再喂几口。爱有多种表达方式，为什么他们仅仅关心孩子的温饱问题呢？细心的你会发现他们小时候常常因吃不饱饭而饿肚子。我呢，每年都给孩子添置不少新衣服。只因我小时候家里穷，总穿别人给的旧衣服。一次穿着打补丁的裤子上学，被同学们嘲笑，一个人偷偷躲在厕所里哭鼻子。我不想这样的事情再发生在我的孩子身上。还有一些成年人小时候自己一个人玩儿，没有享受过父母的宠爱，于是长大后处处照顾自己的孩子……

如此看来，类似这些行为都是在满足内心深处幼小的自我，却没有想过孩子内心成长的渴望：他们渴望自由成长，渴望有一天不在父母的监视下自由开心地玩耍……而当他们慢慢习惯了你的满足，你也慢慢变老了，不能再像之前那样给予他更多，到这时他却不乐意了！你会觉得之前你对他的好都是白搭的，却不知都是满足内心深处幼小的自我惹出的祸！

不要再去满足内心深处幼小的自我，不要再让我们的爱束缚孩子成长的自由，只需静静地在远处享受孩子成长带给我们的快乐。

（原文发表于《未来导报》2023 年第 34 期）

把人生的方向盘还给孩子

曲艺宁

　　中午陪学生用餐时，我发现少了小颖，问了问班长，班长说她去卫生间了，应该一会儿就会过来。可过了好一会儿，仍不见小颖的影子。我心里不安，立刻向教室跑去，刚跑到三楼，就听到了一阵压抑的哭声。我循着声音跑到走廊拐角处，发现小颖正双手抱膝，蜷缩在角落里，肩膀微微颤抖着，一连串泪水从她瘦削的脸庞滑过，看着不禁让人心疼。我走过去关切地拍了拍她的肩膀，递过一张纸巾，静静等待小颖平复情绪。

　　过了好一会儿，小颖停止了哭泣，但情绪仍然很低落。我以为是开学后为期两周的军训过于严苛，让瘦弱的她难以承受，但小颖接下来说的话，让我有些始料不及。

　　原来，刚入学不久，小颖的父母就想让她转到条件更好的职业学校，改学在父母看来更有发展前景的航空服务专业。小颖的父母认为，读学前教育专业既没有出息，又赚不了大钱，不如读航空服务专业体面、待遇高。小颖钟情于学前教育专业，因为她喜欢与孩子们在一起。要转学，就意味着要抛弃学前教育专业，这让小颖一时难以接受，却又无法抗拒父母的安排，屡屡抗争无果，只能躲在走廊的角落里偷偷哭泣。说到这儿，小颖慢慢抬起了头，目光坚定地看向我："老师，这条路是我自己选的，如果我能走下去，将来无论发生什么事，我都不会后悔。可是现在父母全然不顾我的感受，直接替我做了决定。我不想转学，我喜欢学前教育专业，我喜欢这个学校，我不想过被父母安排的生活……"看着哭得稀里哗啦的小颖，我只得宽慰她先去吃饭，自己则暗下决心，一定要说服家长，帮助她达成心愿。

因学生自己不适应或不喜欢专业而中途转学的情况屡见不鲜，但父母强行逼迫孩子更改学校和专业的情况不多见。该如何说服小颖的父母，让小颖能够坚持学习自己心仪的专业？我思忖良久。电话或微信沟通似乎难以全面、充分地了解情况，联想到即将到来的周末，我心中立时有了主意。

周五放学后，我陪着小颖一起出了校门，不出所料，小颖的妈妈早已在校门口等候。"小颖妈妈，您好，我有几句话想跟您聊聊，不知能否占用您几分钟的时间？"见我如此客气，一向强势的小颖妈妈也不好推辞，便随我一起走到了校门口的接待室。

未及开口，小颖妈妈便截断了我的话头："曲老师，我知道您想说什么，本来我想等联系好新学校后再跟您说，没想到您还是提前知道了。我让她选择这个专业，有广阔的出路，是为了她好，您不用多说了。"她的声音冷冷的，一副拒人于千里之外的样子。我并不理会，而是转身接了一杯温水，笑着递给了她。"小颖妈妈，我非常理解您的良苦用心，无论是薪资还是辛苦程度，学前教育专业的就业确实不如您为她选择的航空服务专业,而且小颖无论样貌还是身材都很出挑,单就孩子的自身条件考虑,航空服务专业确实很适合她。"听我这样说,小颖妈妈有些意外。因为提前了解过小颖妈妈的性格,因此,我在谈话一开始就接纳了家长的情绪,给予了她高度的认同,让她解除戒备的同时,也为接下来的沟通做好了情感铺垫。接着,我抛出了一个问题:"如果可以选择,您希望孩子幸福还是优秀?我们抱着为孩子好的念头所做出的选择,真的是他们所希望的吗?"随后,我给小颖妈妈讲述了带班时亲身经历的两个真实案例,希望她能有所触动。

"小怡是 2019 级音乐班刚刚毕业的学生,今年考上了中国民用航空飞行学院。她本来是学习音乐专业的,主修琵琶。但是高二那年,她突然想放弃已经坚持 9 年的琵琶学习,转而报考航空服务专业。9 年不间断地学习琵琶,其间付出的心力、财力可想而知。可以想见,大多数父母在听到孩子做出如此选择时一定会勃然大怒,因为这不仅意味着前功尽弃,也等同于视自己的前途为儿戏。但小怡妈妈是一个与众不同的人,她力排众议,坚定地支持了女儿的选择。她曾跟我说过这样一段话,至今令我印象深刻:'我认真问过孩子,这确实是她一直以来的理想,并且她愿意为了这个理想而努力奋斗。既然这样,我愿意无条件尊重、支持和鼓励她,做她坚定的拥护者和坚强的后盾。'正是小怡妈妈的这份信任,让小怡拥有了直面困难、永不言败的勇气和底气。今年,小怡如愿考取了理想的学校,开启了自己喜欢的专业的学习之旅。"

听到这里，小颖妈妈点了点头，似乎在等我继续说下去。"遗憾的是，另外一名学生小婷就没有这么幸运。她是由外校转入我班的，学习的是护理专业。由于小婷的父母对孩子缺乏足够的了解与尊重，既不了解小婷肢体不协调、乐感较差的特点，又不曾征询孩子的意愿，自作主张地强行为小婷转校、改专业，逼迫她学习学前教育专业。结果，小婷既适应不了新学校、新同学和新环境，又因自身的问题导致专业成绩差，情绪萎靡。我与家长反复沟通过，对小婷也多次疏导，都收效甚微。小婷的状态越发不好，经常在课堂上失踪，甚至有一次差点儿轻生，最后只好休学治疗，至今未归。"我顿了顿，接着说，"听完这两个真实案例，相信我刚才的问题您心中应该有答案了。很多时候，父母的一念之差，导致结局大相径庭。每个孩子经由父母来到这个世界，父母只是'管家'，孩子才是'主人'。今天您替她做的这个决定，虽然可能会让她之后的路走得不错，但是对于擅自改变她人生方向，代替她选择路径的行为，我想很长一段时间内，她都将无法释怀。"小颖妈妈若有所思地点了点头。我想，我的话触及了她内心的最深处。接下来，她的选择会更加理性。

周一早上，我再见到小颖的时候，她的脸上重现了昔日甜甜的笑容。我知道，接下来的路，我可以陪伴小颖一起走……

纪伯伦在《孩子》一诗中对父母有这样的希冀："你可以给予他们的是你的爱，却不是你的想法，因为他们有自己的思想。你可以庇护的是他们的身体，却不是他们的灵魂，因为他们的灵魂属于明天，属于你做梦也无法到达的明天。"孩子的生命，自有其应该走的轨迹，该承受和经历的，都应该由他们自己完整体验。父母需要做的，不是按照自己的意愿改变他们的前行方向，更不是打着爱的旗号刻意安排他们的人生，而是尊重生命个体的主观愿望，唤醒隐藏在孩子心中的潜能，指引和帮助他们成为自己希望成为的人，成就他们自主而独特的人生。

（原文发表于《江西教育》2023 年第 3 期）

第 四 章

增补源头的营养

很多时候，哪怕用尽全力、用遍方法，也无法影响和改变一个孩子。如果能走进学生成长的源头——家庭，很多疑难杂症似乎都能找到因由；如果能影响家庭，很多孩子的成长就一定会有向好的苗头；如果能为家长支支招、助助力，一种无形的教育合力便会初见端倪。

在为学生的成长追肥的同时，别忘记给源头加点养料！

从原生家庭的底版上洞察成长之惑

杨雪梅

"你即便有十八般武艺，可能也难以玩转一个班级！""现在孩子身上惯见的拖沓懒散、虚荣撒谎、消极畏缩等看起来似乎不值得大惊小怪的问题，却无异于成长中的疑难杂症，硬性管教无效，软性诊疗亦是不见好转。班主任到底去哪里才能寻找到那'通天'般的化解之法呢？"……在一次班主任工作交流会现场，谈到学生的管理与转化问题时，许多老师两手一摊，深感自己的百般尝试与万分辛劳在许多孩子身上使不上力。

学校里多样教育活动的开展，班主任在孩子身上多种教育手段的尝试，看似都瞄准了问题，却又总是破除不了那个难以对付的问题魔咒。于是，面对成长，老师拼命地追加营养，但反馈在学生身上的是营养如此匮乏不均。

奥地利著名的心理学家、个体心理学创始人阿尔弗雷德·阿德勒有这样一种观点：从积极的意义上来说，学校对于学生成长中的问题负有教育和校正的责任；但从消极的意义上来说，学校只是早期家族教育弊端暴露的场所而已。这一观点给予了我们"唯有关注成长源头，才能找寻到症状之根"的启示。因此，智慧的班主任需要以好奇之心、探寻之眼甚至过界之手从孩子生长的原生家族中积极地为各种外显性的问题追根溯源进而加肥施养。

错爱成碍——别剥夺孩子表达的权利

昊是因为被诊断为孤独症才来到我的班级的。"杨老师，我家孩子……孩子的表达能力特别差，这种情况下也没法和别人打交道，请您……请您用自己的特殊教育专业知识帮帮他，还有，我拜托您一定要多多关照他！"昊的母亲哽咽着把他交到我的手里，又在家人的劝说拉拽中哭哭啼啼地离开了学校，留下的是一个大眼睛灵动地骨碌碌直转、我冲他笑他亦冲着我笑的十岁男孩。

多年的特殊教育教学经验告诉我：这极有可能是一个被误诊为孤独症的儿童。用孩子母亲的理解以及某个只擅长根据描述下定论的医生的话来说："从来不喜欢和别人说话，就是偶尔说了也词不达意，这不是典型的孤独症吗？"由此可见，他们都只看到孩子外显的行为，以及"孤独症"的字面意思，就想当然地给孩子贴上了标签。

"昊，下课了用不用上厕所？"对于这类提问，他会用摇头或点头回应。随着与我、与班上同学的进一步熟识，他开始尝试着表达："老师，你明天妈妈接我吗？"其实，他想说的是"我妈妈明天来接我吗？""跑不听话，就倒了。"这是他向我告状某个人不听话，乱跑摔着了……而且这样的主动开口的情况越来越多，大有一发言便收不住的感觉。

一方面，我积极地为孩子纠正着表述方式上的错误，并欣喜于他的进步；另一方面，我努力地找寻着导致孩子语言失衡的缘由。

"妈，我的……""你的包是吧，知道知道，我来拿。""回家能不能……""能能能，你想去姥姥家是吧！"孩子母亲来接孩子的几次露面，就让我捕捉到了关于孩子语言能力有缺陷的信息——这个对孩子饱含着无限疼爱之情的母亲一直都在剥夺孩子表达的权利。过分地宠孩子、爱孩子，每当孩子有所需求或愿望时，他经常还未张口即由善解人意的母亲为他做好了一切。在一个孩子感觉不到说话的必要，也完全没有表达机会的生活氛围中，他的语言沟通能力自然而然就失衡了。

后来，我给孩子母亲提了一些建议：等孩子把每一句话说完，让孩子自己提要求。当表达的权利回归到了孩子身上，令家长头疼的沟通问题和"孤独"标签自然而然就不存在了，孩子也很快回归普通学校的主流教育中。

爱和碍之间有时就是一毫一厘的差别。错误的爱，失度的爱，溢出了界限的爱，往往都会转变为成长的碍，就像昊的母亲自己不曾意识到的语言替代一样，分明是一种变相的束缚与剥夺。

代劳失劳——把动手的机会还给孩子

很多任课老师因为强的问题来找过我，原因很简单，一个十四五岁的大男生，上课铃已经响过十几分钟了，学习用品还没有从书包里拿出来，户外活动时鞋带开了就任它开着，丝毫没有重新系一下的意识，早晨床铺整理他似乎是永远也收拾不完的那一个……

起初，老师们要么会以"快点，快点"之类的话语喊着催着，要么会变着法儿地鼓励赞扬，要么面对面手把手地耐心指导，但无论哪种方式都难以奏效，强软硬不吃，逼急了还索性两手一甩彻底撂挑子。在老师们多番尝试实在无计可施后，我这个可怜的班主任耳朵里便每天塞满了告状声和抱怨声："他在你面前表现就好一点儿，你的教育既然有力度就得好生管管。"

确实，强的拖沓懒散之态在我面前会少一点儿，但也仅限于"一点儿"，那并非意味着我有多么神奇的管理与转化之法，而是着实无计可施后我的强势凶悍起到一丁点儿作用，而且很明显，那种严厉治了标却治不了本。

当我把关注的目光转到家庭环境和家长的养育方式上后，这个孩子的问题之解自然就清晰地浮现了。闲聊中，强的父母总把"这个他不行""那个他干不了""他还是个孩子，长大了就会了"之类的话挂在嘴边。可想而知，这样的话被孩子接收到后将会产生两种后果：一是"我可以什么都不做，父母会帮我解决"；二是"我什么都做不好，我没那个能力"。

在《儿童的人格教育》一书中，阿德勒明确地指出：一个拖沓的孩子背后总有一个帮他整理收拾的人。强的成长背后，显现出来的既是事事代劳的父母，也是言语上无时不在的引领和暗示。孩子的成长之根出了问题，如果老师只是不断在梢叶上施肥加力，自然就无果。

把家长近视的目光拉长拉远，把父母失度的教育观念纠正转化……作为班主任，我着眼根部的努力确实不能够快速见效，但我相信，那是唯一之法。

强硬致谎——莫在粗暴中弄丢了真实

"我爸刚买了一辆新轿车，比你家的大呢！""六一儿童节我妈妈给我买的粉色仙女裙可漂亮了……"当昕的这种话时不时地传来时，老师们都会会心地相视一笑——说谎话像吃饭、睡觉那般寻常。虽然孩子一直拒绝老师登门家访，但从父母和孩子的衣着打扮来看，她的家庭应该是少见的贫困类型。

关于昕爱撒谎的论断绝非老师随意做出，而是从家长那边时不时地反馈过来的许多关于她虚荣又爱撒谎的信息中得出的，比如把试卷上的分数变着法地改高，以送老师、同学礼物为名不停地向家长索要零花钱，虚构班主任的赞扬和任课老师的肯定，等等。

在家长一次次地恳请我帮助孩子改掉她的毛病时，我却隐约感觉到她父亲可能就是那个"致谎元凶"。少有的碰面中，每次他不是指责着昕的一无是处，就是用简单粗暴的呵斥声制止着昕的要求。为了探寻验证，我和孩子、孩子母亲以聊天儿的方式多次交流，并获取了一些足以为我提供证明的资讯。

原来，昕的父亲对她要求极高也极为严格，一发现昕的行为与自己要求不符便免不了对其一阵奚落责骂。为了达到父亲的目标，少惹是非，昕自然就选择了一种最"简单有效"的方法——撒谎，不惜以此换来短暂的肯定或赞扬。揭开昕成长路上的那层纱，我们不难发现，一个撒谎成性的孩子其实总是受到了一个颐指气使的成人的影响，这个成人总是试图通过强硬和严厉的方法来改造孩子。

"为人师、为人父母者，我们一定不能粗暴、鲁莽地对待孩子，而是要不断地鼓励他们，不断地向他们证明努力的意义……"一次次借助家长会委婉地把我的观点传递给昕的父亲，也传递给所有孩子的父母；一次次借助不同形式的交流为家长们送上正确的家庭教育之道，我的这几分耕耘未必有几分收获，但不耕耘，肯定就不会有任何收获和改变的发生。

作为班主任，我们确实会碰到解不开的成长之结，会碰到转化不了的学生问题。这个时候，适当地"越一下界"去看看原生家庭的成长环境和养育方式很有必要，因为家庭对于生命而言是成长之根着床的地方，当枝干成长乏力时，只有对根施肥才能精准助力。

（原文发表于《今日教育》2020年第6期）

家庭教育需要敬畏感

庞丽虹

已经上四年级的毅在学校不守纪律，规则意识淡薄，不尊重老师，不团结同学，经常打架斗殴，偷同学东西，说脏话，在班级中没有一个真心交往的朋友。

有一次，毅在课堂上连五分钟都坐不住，一直扰乱课堂，不是回头拿同学的东西，就是说话，抑或故意大声地回答错误的答案。这样的课堂显然是无法进行下去了。我之前会用班级中的小组加分和减分量化他的行为，鼓励他坐好、积极回答问题，给他加分。但是这一次，他总是在不停地问我："老师，我能加分了吗？"我原以为毅是因为在家中缺乏爱的关怀，才会如此急切地想要得到别人的关注。没想到一切的答案都隐藏在家庭教育的养成中。通过和他妈妈的沟通，我得知毅的爸爸常常出差，当甩手掌柜，把孩子的教育完全交给了妈妈。妈妈、爷爷和奶奶对孩子非常宠爱，给了他过度自由的空间，而这种溺爱成为毅养成各种坏习惯的直接根源。

那天，毅在学校偷了同学的钱，还和举报他的同学打了起来。班主任只得把毅的妈妈叫来学校，交流中毅的妈妈没有一丝歉意，只认为孩子是调皮不懂事，简单说教了几句就不了了之。无奈之下，班主任又联系了孩子的爸爸，爸爸怒气冲冲地赶回家之后，却发现妈妈把孩子的爷爷奶奶搬出来，堵在家门口不让爸爸进门教训孩子。就这样，爸爸对毅的惩罚又不了了之。

其实，毅也是一个有集体荣誉感的孩子，当他的良好表现为小组加分时，他是自豪的；但是每次他出错之后，不能承受其他同学的任何指责，往往这也是他和同学之间矛盾爆发的导火索。孩子的过错用调皮解释，试问毫无责任感的父母如何能够培养出有责任感的孩子？

中国人民公安大学李玫瑾教授说："人在成长过程中，要形成一些东西，除了爱之外，还要有敬畏。如果孩子违法了，惩罚实际上是一种保护，让他知道怕，知道后悔，以后再也不敢了，真的让他不敢了，这才是保护他。"李教授在分析青少年犯罪行为时也曾多次提道："人犯罪的原因是没有敬畏之心。"我想，毅平常这么肆无忌惮地挑衅规则，就是源于敬畏之心的缺失。因为他有一个在他犯错之后，及时出来帮助他撇清责任的妈妈。家长与学校教育的理念背道而驰，又怎能实现对孩子教育的最优化呢？现在的教育环境中，我们不提倡家长打孩子，但是要有适度的惩罚。好的父母在鼓励孩子独立、允许他们享受自由的同时，应该尝试约束孩子，给他们设立一些有益健康的规矩，在家庭教育中营造敬畏感，让孩子更好地成长。

（原文发表于《未来导报》2020 年第 38 期）

要让孩子相信自己是出色的

孙晓妮

早自习时，亚文没有坐在位子上。不应该啊，这个点儿她早就应该来了，她坐班车，今天怎么了？和家长联系，家长在电话中说，亚文正在家里"犯怪"，还没走。她说她不想上学，学习太难了，老师讲的课听不懂、题不会做。班主任想过去看看，亚文妈妈却一再推辞，说再等会儿，让亚文姐姐送亚文来学校。

亚文是班里学习成绩经常名列前茅的学生，可也是这个亚文，大家眼里努力的孩子，竟然不想上学。这真的是她妈妈嘴里所说的"犯怪"吗？上学期，曾经有这么一次，家访的老师和亚文谈心，了解到亚文的姐姐各方面都很优秀，以致亚文的妈妈凡事都拿亚文和姐姐做比较，可以说亚文一直活在姐姐的光芒里。亚文说，从有记忆以来，妈妈似乎就没有表扬过她。或许是这个原因导致亚文特别不自信。

亚文确实不是一个聪明的女孩，但在我们所有老师眼里，她是一个很努力的孩子。课堂上如果有不懂的题，她都会在课下一遍遍地到办公室问老师，那种学习上锲而不舍的精神，让我们所有接触过她的老师都很感动。可就是这样一个努力的孩子，在妈妈的眼里总是不如她的姐姐。

亚文的遭遇是二孩家庭中普遍存在的现象，班上还有另外一个孩子小萍也是如此，她的姐姐现在正在上大学，但从小萍的成绩来看，小萍并不是很出色，似乎连考上普通高中都有点儿困难，但她爸爸并不如此认为，总是认为姐姐能行，她也能行。她爸爸从来没有和孩子认真地做过交流，问问孩子想要的是什么，总是认为孩子应该是优秀的，应该与姐姐一样。

农村的孩子，家长们真的希望他们能有一个脱离目前生活状态的机会，考上高中，离大学近了，这似乎是最有力的途径。班里目前是二胎的学生，只要家长在学习上要求特别严格的，他们的哥哥姐姐当时在学校成绩都是不错的，因此大多数都活在了哥哥姐姐优秀的阴影里。

家长这样的比较，看似在激励孩子，实际上并没有达到效果。心理承受能力强的孩子，或许会努力地向哥哥姐姐们靠近；心理承受能力不强的孩子，可能会感觉：反正我怎样努力，也得不到父母的认同。亚文就是这样一个典型，父母一再地否定她，原来在低年级时通过努力就能够获得好成绩的优势现在并不是很明显了，再加上妈妈在旁边一再地拿她与姐姐进行比较，本就心理承受能力不强的她，自然会有崩溃的时候。

家庭是人生的第一个课堂，父母是孩子的第一任老师，因此陪伴孩子成长的方式一定要正确。尤其是面对青春期的孩子，家长对他们付出的努力一定要及时地赞扬："哇，你做对了8道题，你一定非常努力。"他们受到赞扬是因为他们为了成功付出了努力。

因为自己的努力而被夸奖的孩子，即使遇到困难，也会想着付出更多的努力。他们并不会将其看作失败，也不会认为那会反映出他们不如自己的哥哥姐姐们。当被贴上肯定的标签时，他们不相信自己会永远低人一等，如果确实落后于人，他们也会更加努力地变得优秀。

所以，无论何时，父母都不应该让孩子觉得自己不如别人。作为教育者，我们应该创造条件去告诉我们身边的家长，相信每一个孩子都是出色的，每一个孩子都有自己的特点，每一个孩子都会有属于自己的成功。

（原文发表于《未来导报》2023 年第 7 期）

从校到家，劳动教育助力学生和家长共同成长

李竺姿

随着人们生活水平的不断提高，孩子们的成长却逐渐走了样。本该"四处撒野"的孩子却更愿意宅在家中与手机做伴；早该学会家务劳动的孩子却懒于动手，甚至"五谷不分"；原本和谐的家庭却在孩子们上学之后矛盾频发，亲子关系越发紧张……

面对束手无策的家长，我们确立了以劳动教育为抓手带动家庭教育的指导路径。由此，我们凭借得天独厚的地理优势，从学校劳动教育出发，为孩子们成长注入新动力，为家长成长增添一抹亮色，在校园内外、家校之间奏响共生欢歌。

一、劳动场景，填满童年回忆

学校依山而建，步行五十米即可到达茂山脚下。看着山上苍劲的松树、硕大的松果，我不禁问孩子们："摘过松果吗？"他们纷纷摇头。阳光和煦的午后，在校长的"保驾护航"下，孩子们拿着袋子，奔向后山。最初见到松果的孩子们，却被松针吓了一跳："呀！老师！这个好扎手啊！"不一会儿，他们便掌握了摘松果的要领，个

子矮的孩子猫腰捡拾树下的松果，个子高的男生拉着树枝，其他人飞快采集松果。

大家边摘松果边听校长回忆："在我小的时候，每年冬天，教室都会生炉子取暖，引火用的松果都是学生摘的。那时候的我一个人能摘四十多斤呢！"时间不知不觉地流逝着，在玩乐中，摘满了两大袋子松果，返程的路上，留下一片欢声笑语。

拿回来的松果，经过日光曝晒，里面的松子悉数落下，放在嘴里咬碎，香味四溢。我们将松果分为三组，个儿大、饱满的用来上色，做成松球花，插在花瓶里；个儿稍小一些、形状尚佳的与树枝组合，变身风铃，挂在梁上；不大美观的，剪下进行松果贴画或创意手工。

趁热打铁，在孩子们的探索下，教室里增添了更多的劳动项目。

一是种菇。在走廊较阴凉的地方，开辟一块空地，放上白平菇菌包，每天定期喷水，观察长势。待平菇成熟后，将其剪下，配上综合实践教室里的面粉、油、盐等，裹面炸至金黄，小伙伴们分享，入口醇香。

二是养花。北方的冬天，在暖气的保护下，室内温暖如春，非常适宜种花。孩子们从家中拿来长寿花、蔷薇、绿萝、多肉等适宜扦插的枝条，栽种在花盆中，摆放在窗台上，细心养护，耐心等待它们生根发芽。没过多久，窗台就美得如画一般，绚烂的花和窗外的雪形成了强烈反差。

三是收纳。足不出户，享受劳动乐趣。整理桌箱，是孩子们在教室里学会收纳整理的第一步。为了让一小方天地整洁有序，我们开展了"桌箱星达人"评比活动，书本、试卷、笔袋等均有专门的摆放位置，细微之处尽显劳动之美。

室外的寒冷，挡不住室内的快乐。一场场劳动教育充实着孩子们的课余生活。本来我还担忧活动的开展会不会分散他们的学习精力，但事实上，勤奋向上的学生更多了，他们自主规划学习任务，分配好时间进行劳动实践。

二、校内农场，体味自然与生活

冬去春来，树木长出嫩芽，又到了可以在室外撒欢儿的季节。有了室内种植经验的积累，我们来到学校分配给班级的劳动基地——利用操场周边改造的小型农场，进行室外种植探索。

我班分到的是一片靠墙的土地，倚墙而建的是一排木架子，适合种植藤蔓植物。孩子们带上农耕工具，挖坑，填土，浇水，种下几颗葫芦种子，期待可以收获许多"葫芦娃"；又在靠墙根的闲置土地上，种下几株西红柿苗，供日常食用。

自从种下这些"小家伙"，几乎每次活动课都有学生来到菜地观察它们的生长。看着逐渐长大的藤蔓和渐渐长高的西红柿苗，孩子们喜不自胜。

夏天到了，雨水充沛。葫芦苗在水分的滋润下，生长得越发繁茂。但西红柿的情况却堪忧，陆续有几株西红柿苗出现了根部腐烂、叶脉发黄等情况。

看着几株残存的西红柿苗，孩子们的抢救行动开始了。对西红柿的生长环境进行分析后，大家发现墙角低洼，积水极易倒灌。请教了比较有经验的农民伯伯后，孩子们决定挖排水沟，抢救西红柿。

挖沟，铺小石子，固定枝蔓……孩子们终于赶在大雨到来之前为西红柿苗的排水做好了充足准备。看着西红柿苗又恢复了生命力，孩子们欢呼雀跃！

西红柿成熟了，"葫芦娃"们也挂在架子上，憨态可掬。孩子们将西红柿摘下，清洗，拿回教室，切开，全班共享。尽管每个人分到的只有一点点，但幸福的喜悦溢于言表。

邻班的地里种了好些韭菜，翠绿鲜嫩。我班藤蔓上的葫芦也令人欣喜。孩子们在采收葫芦的时候，用几个葫芦换了两捧韭菜。

孩子们带着韭菜来到综合实践教室，制作美味佳肴。组内有序分工，择韭菜，准备厨具，和面，备馅，擀皮，包饺子……两节课后，热腾腾的饺子出锅了！尽管饺子的皮厚薄不一、形态各异，但大家都吃得很满足。

我经常翻看孩子们在劳动中留下的活动剪影。孩子们在劳动过程中，既体会到了劳动的艰辛，也给自己留下了一顿精神大餐。特别是在拯救西红柿苗的过程中，孩子们努力的样子，让我十分动容。劳动不易，因为它有着许多自然界不可控的因素，我们要学会敬畏自然，与其共生，利用劳动的智慧让生活更加美好。

三、走进家庭，劳动让家多点甜

随着劳动教育的不断深入，孩子们会的技能越来越多。有些孩子开始为家庭贡献自己的一分力量，也有的家长以"别添乱"为由将孩子赶入书房……面对农村复杂的家庭情况，学校决定开展一次观摩活动，让劳动教育向家庭蔓延。

为期一周的开放展示活动开始了，没有彩排，没有预演，校园里的一切按部就班。家长们分批走进校园，进入课堂，近距离观察孩子的学习情况，教室内，整齐划一的桌箱让家长眼前一亮。

教室里盛开的鲜花，走廊繁殖的蘑菇、木耳，孩子们见到家长礼貌有加，看到地上的纸片随手捡起……这些细节让家长赞不绝口。

综合实践教室内香气扑鼻，不少家长被吸引到那里。原来是孩子们正在炒制馅料。马上就要到农历八月十五了，在综合实践老师的带领下，孩子们正在制作冰皮月饼。

孩子们分组合作，将炒好的豆沙馅料放凉、称重备用，将糯米皮搓成长条，称重备用，最后将二者包合在一起，撒上熟糯米粉，经过压制，一个月饼便完成了，用透明纸袋包好，遇到来访的家长，赠送分享。

家长们对此十分感兴趣，在孩子们的传授下，陆续有家长加入月饼制作大营。身份互换，家长秒变学生，孩子化身老师。一场活动下来，家长们纷纷感叹："孩子在学校和家里完全不一样。""孩子不知不觉长大了！"

家长纷纷向老师取经，原来是劳动教育起的作用。在家长的提议下，学校陆续推出"家务劳动大比拼""今日我当家""我是小厨师"等家校互动活动。孩子们在家里学会了叠被、洗衣、扫地以及制作简单的饭菜，声声赞美在家中回荡。

一天下班，我手机上收到家长的一条留言："老师，我是一名外地来这里打工的家长，以前我不会教育孩子，总是打骂他。把孩子送到咱们学校的时候，我们就希望他能好好学习，结果没想到，孩子不仅成绩上去了，还能为我和他爸做晚饭、收拾家务，真的令我们很感动。看了学校的教育方法后，我们真的觉得自己不称职，希望以后可以多配合学校，共同教育好孩子，再次感谢学校的培育。"

在素质教育下，不少学校还在抓着分数不放手，在学生成长的命题下，劳动教育在助推学生综合发展中起到了不可替代的作用。年复一年，每个季节都有劳动教育最美的身影。这不仅是劳动与成长的共生，更是家校之间的和谐共生。未来是属于孩子们的，成长的路上，学校和家庭有义务将感恩、珍惜、创新、思考等品质渗透给他们，以劳动教育弥补成长的短板，让学生在成长拔节的过程中收获最难忘的美好童年。

（原文发表于《班主任》2021 年第 9 期）

家长助力劳动"三级跳"

李 玲

"端上小盆，带上抹布，我们劳动去！"一声令下，一行童子军浩浩荡荡地向劳动场地——操场走去。孩子们浑身洋溢着兴奋和欢快。场外众多家长高举手机，他们要为自家孩子留下集体劳动的影像。劳动能让孩子和家长们如此期待吗？当然！不过前提是要经过家长助力的班级劳动"三级跳"锻炼。

助跑——劳动教育先过家长情绪关

"老师，最近我家孩子有些感冒，不能收拾室外卫生区了。"孩子感冒会因为拿着笤帚扫扫地而加重病情？"老师，我家孩子紫外线过敏，天气这么热，别让她拔卫生区里的草。"据我所知，这个孩子从来没有耽误过一节体育课，难道太阳会因为室外活动的内容不同而有所改变？……每年接手新班级，我都会接到不少家长的电话，他们帮孩子找逃避劳动的借口。同样作为孩子的母亲，我能理解家长对孩子的宠爱，但是劳动能力是每个人生存的必备素质，如果缺少了这项技能，就如同折损了孩子奋飞的翅膀，他飞不高，更飞不远，这并不是家长之所愿。当家长的借口电话或微信消息接踵而来时，我知道在对学生实施劳动教育前，应该先转变家长对劳动教育的观念：德智体美劳全面发展才是大势所趋。

于是，我在开学初借着培养学生良好习惯的时机，特意每天在班级群里晒孩子参与劳动的照片。"猜猜这是谁的座位？"当学生自己打扫完个人课桌卫生时，我会晒上几张桌面干净、桌内整齐的照片，公布答案后，我说："扫一屋才能扫天下，我仿佛预见了这几个孩子的美好未来。"当学生挥舞着扫帚打扫卫生时，我会抓拍几张孩子面带笑容的照片，并配上文字"劳动催开快乐花"。当学生想办法修理破损的劳动工具时，我会及时捕捉这可遇而不可求的瞬间，并分享"劳动创造智慧"的感悟。晒图宣传让家长慢慢接受了孩子需要参加劳动的教育理念。在新学年的第一次家长会上，我就"为什么要进行劳动教育"这一问题引导家长们进行探讨。有了晒图做铺垫，支持孩子参加劳动的家长居多。我因势利导，以具体事例动之以情，晓之以理：有的家长剥夺了孩子上大学前的劳动机会。待孩子上大学离开父母时，连洗衣服、收拾房间这样基本的劳动能力都没有，这样的孩子上大学时会有怎样的生活质量，大家可想而知……实践证明，第一次家长会后，极少再有家长因为不赞同孩子参加劳动而绞尽脑汁找借口了。

一级跳——家长助力班级劳动策划

家长思想上的认同，并不一定代表行动上的遵从。为了让家长成为推行劳动教育的同盟军，我在班级群里发起了"班级是我家，劳动靠大家"的班级劳动策划征集活动,让家长帮忙出主意。小新妈妈说:"既然劳动是大家的事情,每个孩子都应该有劳动的任务,不能因为有的学生需要参加学校特长队训练而予以特殊照顾。"是的,每天特长生在早晚打扫卫生的时候大多要参加训练,以前在任务分配中我经常会免除他们的劳动,这样不但让这些孩子失去了劳动的机会,而且将劳动任务分到其他学生的身上有失公平。"可以让这些孩子干些早晚打扫卫生之外的劳动,比如擦黑板、摆桌子等。"小林爸爸马上提出了解决方案,得到了很多家长的认同。小伟妈妈接着发言说:"我家老人对孩子很溺爱,从来不舍得让孩子干一点活儿,导致孩子劳动意识不强。平时我让孩子扫个地,孩子都不情愿。可是有一次当孩子应付地扫了客厅的地面时,我赞扬他真是我的小助手,从那以后我发现孩子在扫地这件事上竟然变得主动了。所以,在班级中培养孩子的劳动能力,应该让孩子有愉快的心理状态,让孩子愿意参加劳动。"快乐劳动一时还行,长期保持愉悦的状态,这可真是个难题!正当我苦于无从解答时,小军妈妈帮我解了围:"可以给劳动起一个好听的名称,或者及时给予学生表扬和肯定。"受到家长们的启发,我把班级中不同的劳动分为与学生人数同份的责任区,让学生依据自己的时间和特点来选择,实行包干到人、人人有责的班级卫生管理制度。我还给每个责任区配上了亮丽的名字:"擦黑板大王"这个称谓勾起了不少小男子汉的欲望,于是我将这份劳动分给了班上个头儿最高的两个男生,让他俩轮流当"大王",每周一轮换,比比谁当得更称职。"花仙子"深受女孩子们喜欢,其实这就是个定期给班上的绿色植物浇水的活儿，活儿不多但容易忘，于是我把这一殊荣给予了班上做事最仔细的一个小女孩。给予一份信任，收获一份惊喜，这个可爱的孩子在父母的帮助下查阅资料，对自己的"责任田"实行科学管理，班上的绿色植物越长越茂盛。就这样，管理班级电灯开关的"节能小卫士"，负责图书角的"图书管理员"，打扫讲台卫生的"讲台守卫者"，擦玻璃的"明亮使者"，清扫室外花坛的"冬青小士兵"，清扫室外地面卫生的"环保小卫士"等称谓被一一确定下来……这些有趣的责任称谓纷纷被学生们认领。

二级跳——家长来做劳动技术指导

对于小学生来说，对劳动技能的学习大多处于起步阶段，相关的指导必不可少。技术正确，不仅能事半功倍，学生还会因此获得自信和快乐。就拿打扫自己课桌下这块巴掌大的地儿来说，由于教室里铺设的地胶色浅，不仔细擦拭容易发黑，所以每天需要学生用抹布擦两遍。让人料想不到的是，这么简单的活儿，即使到了中高年级，如果不进行相应的劳动技术指导，还会有不少学生不会干。学生们擦拭地面的动作五花八门，有的撅着屁股，有的一手撑地，有的单膝跪地，甚至还有的双膝跪地。地擦干净了，学生自己却脏了。这样的劳动就像拆了东墙补西墙，徒劳无功。那么怎样擦才能做到既讲自身卫生，又能擦好地面呢？老师教不如学生自己体悟印象更深刻。于是我布置了一道课后劳动实践作业——"地面净净，我净净"，要求学生通过亲身体验，找到最好的方法，以视频讲解的形式进行劳动技能分享。一石激起千层浪，这一活动得到了家长们的热烈响应。他们纷纷配合孩子参与劳动技能探索活动，并成为孩子的专职摄像师。小阳爸爸拍的视频最生动。他将孩子尝试探索的过程详细拍摄下来，精心剪辑、加工后制作成微视频，从不成功到成功，有体验的比较、有文字的说明，受到全班学生的欢迎。学生纷纷效仿，于是擦拭地面的成功经验就在学生的心中扎了根。我还开展了"劳动小能手"评选活动，家长都积极地做劳动技术指导，并给予活动大力的支持。通过家校共育，学生的劳动意识和劳动技能都得到了提高。

三级跳——家长见证孩子因劳动而成长

中高年级经常会承接学校临时布置的劳动任务。每次我的班级都会一马当先。劳动中学生之间的合作和互助成为劳动场上最美的画面。

在一年一度的六一儿童节来临之前，学校让我班负责摆放节日那天学生们坐的凳子。全校一千五百多名学生，单把凳子从高高的看台上搬下来就是个大工程。很多家长报名参加志愿劳动，我同意家长们来，不过不用动手，而是见证孩子们因劳动而成长。为了保证安全，我让学生每次只搬一个凳子，我在看台楼梯上维持秩序。一个个学生从我眼前经过，过了好一会儿竟然还有那么多凳子没被搬走，我们的劳动就像愚公移山似的。忽然，一个画面映入我的眼帘：一摞凳子向我移动过来，凳子前面是我班的"大力士"小伟，凳子后面是我班的大高个儿小松，六个凳子摞在一起，前面的拖，后面的推。到了台阶处，小伟转身向前，双手在背后抬起最下面的凳子，小松则利用胳膊长的优势，在凳子的后沿抬起时用双臂环过凳子，保证凳子不倾倒。当他俩靠近我时，小伟自豪地说："老师，你看我们这样是不是一个顶仨？"我向他们竖起大拇指："太棒了，但要注意安全。""我们记着呢！"看着他们因劳动而自信的背影，我想：把思考带入劳动，进行创造性的劳动，这是劳动给予学生的最大收获。家长们见证着孩子们因为劳动而越发矫健的身姿，纷纷用手机的镜头定格，为孩子留下成长的影像。

因为家长的助力，孩子们自信从容地通过了劳动"三级跳"的考验。在整个过程中，家长从心里的不认同到思想上的理解，从行动上的协助到主动热情地参与，学生的劳动意识和劳动能力也得到了提升。

（原文发表于《山东教育》2020 年第 10 期）

孩子拖拉，家长怎么做

曹新燕

我经常接到家长的求助电话，请我帮助他们解决孩子的拖拉问题。我总是提醒他们，家长自身良好的言行才是解决问题的关键。

我曾帮助菲菲改变了拖拉的坏习惯。菲菲原是全班学生的榜样，她上课认真听讲，按时完成作业。但居家学习期间，菲菲出现了拖拉行为：上午的课堂作业常常拖到晚上做；多次课堂作业只交了一半，而且字迹潦草。我不禁思考：菲菲到底怎么了？

改变说话方式

经过和菲菲妈妈的沟通，我发现菲菲妈妈喜欢给孩子贴标签。居家学习期间，当菲菲第一次没按时交作业时，妈妈说："你这拖拉的毛病能不能改改？"菲菲偶尔书写不工整，妈妈会说："你的学习态度有问题，字迹这么潦草，怎么就不能一笔一画地写呢？"妈妈把菲菲偶尔的失误不断放大，原本主动学习的菲菲，在错误的评价中变成了拖拖拉拉、字迹潦草的孩子。

孩子对自己的了解往往首先来自父母、教师。如果父母认为他们能力低下、做事拖拉，他们就会从这面镜子中看到自己令人沮丧的形象，从而认为自己就是这样，并很难改变。相反，如果孩子发现父母或者教师认为他们有能力，信任他们，那么他们就会认为自己是有能力的，就有动力做得更好。

所以，要想改变孩子的不良行为，家长和教师首先要转变观念，要对自己的孩子充满信心，并且改变说话方式，尽量通过描述事实而不是评判的方式引导孩子的言行。我对菲菲妈妈说："菲菲不是拖拉的孩子，她只是暂时出现了拖延行为罢了。"我给菲菲妈妈提了一些建议，比如，当菲菲没有按时提交作业时，妈妈可以说："你觉得怎么做才能按时提交作业？"当菲菲在小测试中漏题了，妈妈可以说："你觉得漏题的原因是什么？你打算如何改正？"这样的对话可以引导菲菲正视自己的行为，寻找原因，并自己想出解决办法。后来菲菲妈妈反映，她改变说话方式之后，菲菲果然有所改变。

将决定权还给孩子

一个家庭中，如果父母控制欲过强，孩子会想："什么事情你们都安排好了，那我的价值和意义是什么？那我就只听你们的，其他什么也不管了。"菲菲妈妈的唠叨让菲菲觉得自己没有决定权，别说做作业了，就算是吃水果，妈妈也安排什么时间吃什么。如此，一旦妈妈没盯着她交作业，她就拖着不交；一旦妈妈没盯着她上课，她就迟到……

要想一个孩子具有行动力，就必须让他有决定权，这样他在处理各项事情的时候更容易获得控制感、成就感，从而认识到自己的价值。将决定权还给孩子的方法是，家长讲话时用"提问题"代替"一刀切"，用"你想怎么做""你有什么想法呢"或者"你觉得呢"这样简单的问题，替代"你必须""你应该"或者"你要听我的"。如此一来，孩子便拥有了自主权和控制力，就会生发自我成长的内在动力。

静静陪伴孩子阅读

很多时候，静静地陪伴往往能达到意想不到的教育效果，因为语言表达有时候会词不达意，陪伴则不会。接受了我的建议之后，菲菲与妈妈一起制订了阅读计划，每天晚上，菲菲妈妈都会静静地陪菲菲一起阅读，分享读书感受。静静的阅读时光重新点燃了菲菲的学习热情，她的不良学习习惯一点点地消失了，心情也逐渐好了起来。

在家校合作下，复学后的菲菲逐渐告别了拖拉，找回了爱读书的自己，学习成绩也赶了上来。所以，孩子出现拖拉行为，家长不要焦躁，要用积极的话语引导孩子自省，把决定权还给孩子，并静静地陪伴孩子改掉拖拉的毛病。

（原文发表于《新班主任》2021 年第 11 期）

晓之以理：全家人一起成长

王 琳

不能完成的"作业"

小雨是五年级的男生，瘦小的个子，小眼睛，性格腼腆。

周一早上第一节课是班会，主题"我的妈妈"，围绕着三八妇女节展开，晚上回家我没有留普通数学作业，而是让他们写一篇采访自己妈妈的记录，记录一下她怀孕直至生产的整个过程，越详细越好。

第二天一早，学生纷纷把这份特殊的数学作业摆在了讲桌上，我细细数来，少一份作业，是他？再细细一查，果然是他。

我轻声唤他："你的作业哪儿去了？"他不吭声。我提高了说话声音："作业呢？"他小声说："我忘写了。"

"那你今晚回家补上一份，明早交给我。"望着他回座位的身影，我的心中打了个问号：明天他能交作业吗？第二天，讲桌上依然没有他的作业。

我有些沉不住气："为什么不交？"他死死闭着嘴巴。

我近似狮吼："说话，说话！"他嗫嚅了一句："我恨我妈妈。"尽管有心理准备，但我还是有些吃惊。

我把电话拨过去："请问是小雨的妈妈吗？"

"对啊。王老师，请问什么事？"

"您来学校一趟吧，当面能说清楚，小雨很安全，您别担心。"大约十分钟后，小雨妈妈出现在我面前，我向她讲述了事情的来龙去脉。她倒显得很平静："小雨，为什么恨妈妈？"

"我恨你生了弟弟，我恨你。"小雨几乎脱口而出。

"那你怎么才能不恨妈妈？"

"你把弟弟弄没了，我就不恨你了。"小雨决绝地说。

为了缓和小雨和妈妈之间剑拔弩张的气氛，我借小雨要上语文课支开了他。等小雨走后，我和小雨妈妈开始了交流。

"老师，我在家中是姐姐，打小我就啥事都让着我兄弟，您说，小雨怎么这么不懂事？""我总是告诉小雨，你是哥哥，啥事情都应该让着弟弟。"我几欲插嘴，快人快语的小雨妈妈没给我机会。

"因为小雨和他弟弟的事情，我和他爸爸揍了他不知有多少次，您说这个孩子怎么就不长记性？"

听着小雨妈妈的讲述，我的心好痛，这个十二岁的少年经历了什么样的心灵之痛呀！孩子当时的无助、痛苦，他的妈妈能理解吗？

家长的无措转到孩子的身上

我问小雨妈妈："您觉得小雨为什么恨弟弟、恨妈妈？"

小雨妈妈："他太自私了，不懂得去爱别人。我在他身上付出了那么多，唉！"

我说："天下的父母都希望自己的孩子成长得好。"

　　小雨妈妈："我这大儿子算是看不到希望了，我最讨厌他和他弟弟那个样子。算了吧，权当没生这么个玩意儿！"看来小雨妈妈在教育小雨的过程中，经历了很多坎坷，心中充满了无奈和委屈，这时候还不到直接指出她教育不当的火候。

　　我说："看得出您在教育小雨的问题上付出了很多心血，是一位很努力的妈妈。"

　　小雨妈妈："那么多的付出都白费了，我的付出怎么就没有效果呢？"

　　我说："能谈谈您对小雨的付出吗？"

　　小雨妈妈："在生老二之前，我和他爸一直对小雨千依百顺，要啥给啥。自从生了老二，对小雨有点儿顾不过来，有时候给老二买玩具，没给小雨买，我寻思小雨都上小学了，不用再买玩具了。但是我发现他和他弟弟之间的问题之后，买啥都是一式两份，就这样，也没唤醒小雨的良心，一点儿作用都没有，他还是恨老二。"

　　我问："您觉得孩子是什么感受？"

　　小雨妈妈："他就是不懂事，连心都没有了，会有什么感受？"

　　我说："小雨承受了很多压力，您和他爸爸并没有走进孩子的心灵深处。"眼泪再次从小雨妈妈的眼里涌出来，看来小雨妈妈在教育孩子方面不但是一个很努力的妈妈，也是一个自省能力很强的妈妈。

想法变了，态度也变了

　　在与小雨妈妈的交谈中，我发现小雨妈妈的行为和她的观念有着密切的联系，只有改变她本身的消极观念才能对她的教育理念和行为产生积极的作用。

我还没张开嘴，她已气哼哼地说："王老师，小雨是个醋坛子啊！每当亲戚夸他弟弟，他就鼻子不是鼻子脸不是脸的，朝我们无端发火。"

"呵呵，这很正常，俩孩子吃醋不可避免，你们的一个眼神、一句话、一件事没做对，小雨就可能产生不好的感觉。"我表示理解小雨的行为。

"那怎么办？"小雨妈妈眼睛直直盯着我。

"每天抱弟弟时，您也抱抱小雨啊；要下楼梯时，您喊着'弟弟注意'时也喊一声'小雨注意'；他们穿上新衣服，您可以同时夸奖：'啊，小雨和弟弟都帅呆了。'这些生活小细节会让小雨感觉到妈妈对他和弟弟的爱是一样的。"小雨妈妈边听边若有所思。

我话锋一转："您生老二的时候跟小雨商量了吗？"可能是觉得我用的"商量"这个词语不太妥帖，小雨妈妈凝视着我说："当时觉得小雨才上一年级，屁大的孩子懂什么。"

"您即使不跟他商量，也应该跟小雨分享这个好消息，并且在准备迎接二宝的过程中，让小雨也发表意见，这样的参与感会增加小雨的期待感。如果小雨不高兴，千万不能强势否定他的感受或者责备他，而要耐心询问原因。即便他说不清楚，也是一个沟通的机会，可以借此理解小雨目前最重视或者最缺乏的是什么。"我把自己的理解跟她分享。

她有些烦躁："王老师，老二已经出生了，这些都错过了。"

"我觉得您应该尝试平衡大儿子的心理，给他足够的关爱。例如，单独领着他出去玩玩，一方面开阔了孩子的视野，增长了他的认知，另一方面制造单独跟他在一起的机会，弥补他的'空窗期'。"这次她答应得很痛快。

爸爸妈妈共同成长

在和小雨妈妈探讨家庭教育问题的同时，我也给她提出了一个"硬性"要求，让她绝口不提三句"地雷话"："妈妈以后要照顾弟弟，没有很多时间陪你了。""你都当哥哥了，怎么还这么爱哭?""你的玩具都要和弟弟分享啊，因为他还小，什么都不懂。"我还分阶段提出了解决问题的方案。

第一阶段：搁置矛盾，学会放手。

这对于小雨妈妈来说太难了，她总是担心两个孩子在玩闹中发生争执，比如谁先玩玩具，这是谁的东西，等等。针对小雨妈妈的现实困难，我和她共同探讨了为什么要放手："两个孩子打闹总是难免的，好的不好的都会直接表达，有时候成人的直接干涉会使他们失去宝贵的学习和成长的机会，您直接帮他们完成了过程，他们就只学会了制造问题，却没有学会如何解决问题。留给孩子更多的空间和自由，您可能会发现，他们成长得比您想象的还要好。所以，您有必要强迫自己睁一只眼闭一只眼，处理的方法就是放手。"我送给小雨妈妈一个日记本，让她记录她和小雨每天的表现。

接下来的日子，小雨妈妈很认真地采纳了我的提议，她说每次她急着张嘴批评小雨的时候，总是掐自己的手背，开始的时候挺不放心的，一段时间后，小雨妈妈就不再需要掐手背来控制自己了。

小雨妈妈说，自己教育孩子的方法单一，没有很好的理念和技巧。针对她的情况，我推荐她阅读家庭教育的实用书籍。小雨妈妈是一个认真又专注的人，读完实用的文章，她会写读书笔记，还鼓励小雨爸爸一起学习。我在指导她学习的时候遵循了理论联系实际和小步子的原则，坚持每段时间学习一个教育技巧，慢慢积累，小步前行。

第二阶段：鼓励"大带小"，巩固小雨的老大位置。

通过跟小雨妈妈的交流，我得知了一件事——小雨上幼儿园时（当时弟弟未出生）的一次外出旅游，小雨让妈妈在机场大厅的座位上歇着，他拖着偌大的行李箱在人群中钻来钻去，一会儿买水，一会儿买饭，忙得不亦乐乎。

台湾儿童发展医学专家王宏哲说，两个孩子相差5岁以上，老大会希望跟爸爸妈妈一起照顾老二，会扮演小帮手的角色来吸引爸爸妈妈的注意力，但心里还是会希望偶尔也能依赖爸爸妈妈一下。

小雨和他弟弟相差7岁，完全可以让他在弟弟的生活里适当地扮演一下照顾者和决定者的角色。例如，在周末休息时，让小雨帮忙给弟弟冲牛奶，妈妈这时可以表扬他："你真是一个不错的大哥哥。"这些事情可以帮助小雨获得一些责任感和自信心。

现在的小雨，体谅父母，爱护弟弟，长成了父母希望的样子。

（原文发表于《班主任之友》2019年第7、8期）

快乐E家

孙 艺

工作之初，我经常因家长不理解、不支持而感到班主任工作难做。此后，经过多方尝试，我寻找到了家校合作的突破口。随着互联网技术的发展，我利用网络平台创设了"快乐E家"大家庭，在微信、钉钉、QQ等平台建立了班级空间，让学生、教师、家长成为快乐的一家人。这一实践拉近了家校距离，家庭成了助推学生成长、班级向好的重要力量。

一、记录精彩瞬间，分享成长快乐

家长最关心的就是孩子的成长，如果不能及时了解孩子在校情况，则很容易形成沟通障碍，甚至产生误解。因此，我将微信版"快乐E家"打造成分享孩子点滴成长的乐园，每天关注并随时抓拍学生参与活动的精彩瞬间，再将照片分享到该平台。家长透过手机屏幕不仅看到了孩子的成长，感受到了教师的付出，还拉近了与班主任之间的心理距离。

抓拍时，我特别关注那些安静的孩子，比如主动捡起垃圾的身影，默默为教室关好门窗的身影……一点一滴，我都细心记录。一个看似不经意的镜头，或许就会让家长心里泛起欢乐的涟漪。

一双眼睛看到的是有限的，于是，我将发现美、传播美的机会交给每个学生。全班轮流写"班级日记"，盘点班级工作，发现同学的闪光点并每晚在微信群进行语音播报。这不仅锻炼了学生的写作和表达能力，还让家长、学生的心和班集体紧密地联系在一起。

经过长期的分享、播报，家长成了班级活动的忠实粉丝，他们不仅会及时为孩子的成长"点赞"，更理解了教师的言行，体会到师心如同父母心，合作才能共赢。

二、创设多个平台，共度亲子时光

常听家长诉苦："孩子回家什么也不跟我说，就自己闷在房间里。"其实，孩子身上的许多问题都是与父母缺少有效沟通造成的。我想，为什么不利用"快乐 E 家"的便捷，助力和谐亲子关系的构建呢？

钉钉平台的"班级圈"是我搭建的亲子活动展示平台，每个周末有主题活动，节假日更有系列活动，活动过程的照片和视频会分享到"班级圈"。比如，疫情期间开展"舌尖上的春天"体验活动，孩子采摘、制作春天的美食，家长扮演场外指导和摄影师的角色，记录孩子制作食物的过程。在其乐融融的氛围中，孩子学到了本领，家长见证了成长。

此外，我还设计了周末观影时光展、为父母写一封信、读书故事会等活动，丰富孩子与家长相处的形式。这些有父母陪伴的美好时光将在孩子心中筑起一道堤坝，帮助他们抵御成长中的风浪。

三、借力优秀资源，引领共同成长

良好的家校关系不仅是共情、共力，更是在共同学习中逐步形成成长共同体。携手，更要向前，我们于共同攀登中成为亲密战友。为此，我在"快乐 E 家"开设了读书分享空间，与家长共读教育书籍。考虑到不少家长没有读书的习惯，我从引领他们听读开始，每晚在微信群上传一段语音，家长可以收听、发言；每个周末定时在钉钉群播放视频课程：卢勤姐姐现身说法，引领家长做"知心父母"；主持人樊登倾情讲解《正面管教》《解码青春期》《父母的语言》等教育书籍……在经典的引领下，家长更有智慧了，在教育孩子方面也与我达成共识。

古语有云："上工治未病。"老子说："为之于未有，治之于未乱。"在家校合作中，班主任要防患未然，避免发生沟通不力、交流不畅的情况，充分利用各种资源搭建共情、共享、共成长的平台，让家长成为班级建设的参与者，使学生在家校和谐的氛围中成长。

（原文发表于《中国教师报》2020 年 5 月 27 日）

第 五 章
找寻共育的密码

好的班主任要具备"搓绳"的功夫，要把一切有益的教育资源拧成一股绳，尤其是家庭资源和学校资源。共育是一种强大的力量，需要丰富的智慧参与。共育是有密码的，需要你主动找寻！

家校共育应注意的问题

王晓菲

育人，是高尚的事业，它不仅需要热爱、奉献的教育情怀，还要有善于学习、不断积累而提升的教育智慧。教育的对象是人，是有血有肉有感情的小生命，家长、老师在共同陪孩子成长的同时需要加强学习，不要因自己育人知识的短缺和认知的偏差而伤害了孩子。

课间操，孩子们出操回来时，我正在走廊与数学老师闲聊，满头大汗的小亮走了过来。"小亮，你怎么出了这么多汗呀？你真是个运动健将，还很有组织才能。"我对数学老师笑着说："上周咱班的拔河比赛幸亏有他部署呢。""是吗？真看不出小亮你还挺厉害的。"数学老师惊讶了。这孩子的数学成绩一直不是很好，我趁机说："数学课上也要加加油，老师很看好你哟。""嗯嗯。"他不好意思地笑着抹了一把汗。

接下来几天小亮确实很努力，本以为那是一次很好的鼓励机会，可是有一天……

"老师，昨天晚上我发现小亮又在抄作业，我把他的作业撕了，他还威胁我说再也不学数学了。""咋啦？前一段时间不是很好吗？"我疑惑着说。"您跟他谈谈吧，老师。"小亮妈妈无奈地叹了口气。小亮妈妈这么一说我倒注意到小亮这几天好像是没精打采的。课间我把小亮叫到跟前，不一会儿孩子就跟我说："数学老师上次在全班同学面前说，这道题连咱班头脑简单、四肢发达的小亮都会，那就不用讲了。"这个刚毅的孩子说话的时候眼里含着泪水，可见他有多委屈。孩子接着说："我妈也说我抄作业，昨天晚上有一道题很难，我是用手机查了，但是没有抄，我想看一下别人的解题思路。"

小亮最近学习的劲头很足，奈何基础差，之前落下的知识太多，所以进步慢，但孩子的付出却没有得到老师和家长的肯定。老师认为他头脑简单，妈妈认为他恶习不改，又抄作业，这时老师和家长都犯了一个错误——归因偏差。有时教师在处理问题时对不同学生的归因是不同的。比如优秀的孩子取得了好成绩，教师会归因于他有能力、有优秀的学习品质等内部因素；而学习稍差的孩子有了进步，教师会归因于任务简单、他运气好等外部因素。家长也有这样的误解：若孩子优秀，用手机查题，会认为是查阅资料，借鉴思路；若孩子成绩差，就被认为是照抄作业。数学老师和小亮妈妈都犯了这样的错误，这一类的归因偏差对孩子的发展极为不利，尤其是小亮这样基础差又正在努力的孩子，他已经表现出了好的行为，也有向上奋斗的劲头，可没有得到老师和家长的准确评价，任凭谁心里也不会舒服的。

同样为人师，为人母，儿子小时候的一件事让我至今不能释怀。那年他六岁，一天我在厨房做饭，他过来喝水，又说："妈妈，给我一个白菜心吃吧。"他平时连水果都得我逼着他吃，怎么可能爱吃生白菜心呢？不过吃点儿也没坏处，我就把最中间的那块用刀剜出来递给了他。"真好吃。"他咬了一口，"妈妈，你吃吗？""我不吃，你出去玩吧，妈妈得赶紧做饭呢。"过了一会儿他又回来了，手里拿着吃剩下的白菜心："妈妈，你尝尝，这个白色的根可甜了。"我一看，一块吃得差不多了的白菜根出现在我眼前："你肯定是吃不了了，吃剩的东西再给妈妈，还骗我很甜，是不是？""不是，真的甜。""什么不是，你上次就这样。""真的很甜，妈妈。""一边儿去，你这样的做法对吗？简直是差劲！"我自以为是地呵斥着，对他眼里打转的泪水视若无睹。做完饭，我一扭头瞅见了放在旁边的白菜根，将信将疑地拿起来尝了一口，真的很甜！霎时间，我愧疚地直流泪，我怎能如此看待孩子对妈妈的心？！他是挑食，也做错过事，可作为妈妈的我竟凭着过往进行着错误的归因，我不忍心去想孩子在听到我怒吼后的委屈。

其实，我们大人，无论是教师还是家长，都是孩子的老师，都要考虑自己的言行，特别是对孩子的行为进行总结、归因的时候，要全面考虑，要站在育人的角度去说话、做事。现在看来，育人真不简单。

（原文发表于《教育文摘周报》2020 年第 23 期）

选择恰当的共育方式

李　楠

曾经读到一个国外的教育故事：在一所小学，有一群学生几乎能将每个教他们的老师"逼疯"。当这些学生上二年级时，他们的老师一心盼望着退休；升入三年级时，他们的老师迫不及待地等着放假；上四年级时，有一名老师对这些学生做了一次出生情况调查，才知道这些孩子85%是老幺（家里排行最小的孩子）。正是这些在家里受到娇宠的孩子，在学校让老师头疼不已。与同事讲这个故事的时候，大家都心有戚戚焉，纷纷说出自己班级里那些问题突出的孩子和他们家庭中不恰当的教育。

一个孩子就是一个家庭的缩影，家庭教育对孩子的影响可谓根深蒂固，极难改变。所以，家校共育越来越受到学校和家长的重视，因为它在大幅提升教育有效性的同时，促进了孩子的健康成长。

家校共育育什么？可能许多人认为，孩子在学校学了知识，放学后家长陪着写写作业、协助老师检查一下背诵任务，就是家校共育了。其实不然，家校共育首先要求家长和学校在教育理念上达成一致，以学生的心理发展为基础，科学制定共育目标，其共育过程要有系统性和完整性。家长切不可把追求高分作为共育的唯一目标，而应将孩子的品格发展和习惯养成放在首位。

家校共育怎么育？在家校共育中，家长扮演着重要的角色。但在现实生活中，学历、职业、性格等方面的差异导致家长素质参差不齐，决定着家庭教育的科学性和有效性，以及能否与学校教育顺利接轨。所以，要想成功进行家校共育，先得"育"家长。

其实，我就是一名被每月一"育"的家长。儿子现在上幼儿园中班，在他上小班时，幼儿园就开设了"品格教育"家长课堂，每月一次，每次半个多小时。负责讲解的并不是幼儿园老师，而是专业教育机构的专家，家长通过观看视频、参与互动来了解儿童的心理发展特点，以便更有效地对孩子进行教育。这种依据儿童心理发展特点设计的课程，用科学的观念和方法引领家长配合学校，对孩子进行教育。虽然我是一名初中班主任，但对幼儿园孩子的心理发展规律不是十分清楚，更何况其他不从事教育工作的家长。而家长课堂使我在幼儿教育上由业余逐渐走向专业。每次学习结束，幼儿园老师还会与家长进行互动讨论。家长们会认真倾听，也会积极配合幼儿园实施共育。在这个过程中，不仅家庭教育质量有了本质的提升，家长也在学习中迅速成长。

家校共育还要选择一种恰当的方式。我们知道，教育孩子的最高境界是让孩子感觉不到被引导，亲子共读就是这样一种共育方式。作家毕淑敏曾说："让孩子爱上阅读，必将成为你这一生最划算的教育投资。"当父母和孩子共同阅读一本书时，相同的内容、不同的思想在交流中碰撞，父母在分享读书感受的同时创造了与孩子沟通的机会，进而对孩子的性格产生影响。

去年寒假，山东省荣成市教育教学研究中心杨雪梅老师面向全市中小学生发起了一次"挑战连续阅读 30 天"的阅读打卡活动，有近 4000 个家庭参与，我班的田宇涵和她妈妈也报了名。宇涵妈妈本来只是抱着能和孩子相互监督的心态参加的，但是参与活动后她们受益匪浅。宇涵之前并不爱读书，而在 30 天的时间里，她和妈妈一起读了《欧·亨利短篇小说选》《追风筝的人》《林清玄散文集》……每读到有感触的地方，母女便交流起来。一个寒假，宇涵渐渐养成了阅读的好习惯，对妈妈也开始刮目相看。宇涵妈妈收获的不仅是知识，还有与孩子一起读书、一起交流过程中感情渐深的快乐。这种润物无声的教育方式与学校教育的有效衔接，不仅开阔了孩子的视野，还给了孩子一定的自由空间，同时培养了孩子的大格局。在阅读与交流中，父母和子女都不断地遇到更好的自己，实现自我的蜕变。

家校共育是一门学问，应目标明确、方法得体，有系统性和完整性。无论是学校教育、家庭教育还是家校共育，都应遵循教育规律，以孩子的心理发展特点为基础，科学系统地开展教育活动，这样才能达到理想的教育效果。

（原文发表于《中国教师报》2019 年 4 月 17 日）

让家校共育成为可能

杨雪梅

黎巴嫩诗人纪伯伦说："如果父母是一张弓，孩子就是搭在弓上的箭。"可以说，家长的言谈举止往往对孩子的成长有着至关重要的引领和指向作用。如果学校的智慧育人能与家庭的正向影响巧妙相融，那么便会最大限度地让美好成长发生，让健康人格塑成。

可综观当下教育，教师总为得不到家长的理解与支持而神伤，而家长经常会在对学校教育高期待的落差下滋生不满。归根结底，双方都在为"育"而忙，却又总是不能在一个频道上产生共鸣。

到底是什么因素导致老师与家长目标一致却难以并肩呢？其实只要细心探寻考量，我们就会发现，学校与家庭、老师与家长，往往都习惯于站在自我的角度审视问题，这个自我视角就是无形之中横亘着的那一堵墙，让彼此间的信任与沟通有了诸多障碍。而作为班主任，我们就是那个消除无形壁障，将学校和家庭拧成一股绳的关键人物。要破解难以形成合力的僵局，让家校共育绽开和谐之花，以下几个发力点需要我们主动尝试。

一、改变不合理认知，将家长变成"自己人"

从认知行为的角度来看，所有个体的问题都不仅是外在行为层面的问题，更是认知的结果，不恰当的认知才是家校之墙的隔膜所在。家长认为，为人父母者爱孩子是自己的本分，关注他们的成长是自己的义务，但孩子学识的培养、能力的提升是学校的责任。老师们也不乏这样的认知：教好书、育好人、做好本职工作是分内之事，家庭的育人理念和家长的教养方式自己鞭长莫及。于是，这微妙却难以逾越的壁障让彼此有了隔空无法发力的困难。

作为老师，我们能做的就是从改变自己开始：家长的认知难以与自己同频，那我们就再向前迈一步，多在日常接触中予他们以正向影响，拉近彼此心灵的距离；与家长之间隔岸相望注定会有着无法合力的困扰，那就主动拆除壁垒，凑聚一起与家长共同前行。

心理学中的"自己人效应"在促进家校共育工作中给予了我莫大的启示：在人际交往中，如果双方关系良好，把对方视为自己人的话，就更容易接受对方的某些观点、立场。初次见面，我一定会走下讲台，和家长们聊聊关于"咱孩子"成长的那些事；日常碰面，我定会多多驻足，向家长们分享自己教育孩子时的苦辣甜酸；家校沟通，我会尽量转换视角，站在家庭的角度去考量自己的交流方式怎样更容易被接受……

用"自己人效应"激发共鸣，找寻到与家长心灵沟通的连接点，创造出心心相印的共鸣区，其实没有多么难。那些观照情感的交流、关于教育目的的探讨、关乎生活经历的分享等，都能够在教师与家长之间架起一座心意相通的桥梁。

二、先"看碟"再"下菜"，让沟通更富实效

其实，在与家长进行沟通时，我们要面对的绝不是某种单一类型的群体，而是年龄和性别各不相同、文化背景和生活习惯各有差异、个性特点和家庭中身份也截然不同的个体。作为班主任，我们如果不能在家校沟通过程中关注到这些差异，以一成不变的交流方式来应对这些各具特性的家长，沟通和共育的功效就会大打折扣。

在与家长的互动中，我通常会"看碟下菜"，尽可能全方位地了解每个家长不同的社会背景和生活习惯、行为方式以及思维习惯等，从而为自己在日常交流中选择适宜的沟通内容和沟通方式提供重要参考。

比如，与年轻的妈妈相处时，我会努力构建智慧的沟通交流关系，用她们最为关注的亲子教育和流行话题打开交流合作之门，以自己良好的修养和扎实的专业知识赢得她们的信任。与爸爸们聊天儿时，我会在不经意间传达这样一种信息——高品质的父爱是孩子成长中最关键的一环，父亲在孩子成长中的榜样力量是任何陪伴都无法替代的，并为那些主动参与孩子成长活动的爸爸及时送上赞许。与祖辈家长们沟通时，则更需要诚恳亲切的态度，指导教育方法时要具体、形象、到位、可操作，避免抽象的理论和空洞的说教。

再如，和性格爽朗型的家长说话时，我的"粗枝大叶"会让他

们觉得更自然；与拘谨谦逊的家长交流时，我的和婉与知性更容易被接受；与敏感而不自信的家长沟通时，我会适当暴露自己的弱点，让家长觉得和老师相处没有任何压力……因为练就了"看碟下菜"的本领，所以我"端"上桌来的沟通原料总是能契合不同家长的胃口，家长自然愿意全力配合我的工作。

三、创设参与机会，为家长赋权增能

大多数家长之所以在朝向学校的教育中扮演着甩手掌柜的角色，并非他们漠视孩子成长或不愿参与，而是因为"门外汉"的自我认知造成了他们强烈的无力感。于是，更多时候他们只能站在教育的大门外指指点点，完全不知道自己还可以做些什么。

在班级管理中，我一直都避免让自己以权威者和专业人士的姿态出现在家长面前，而是注重与家长建立平等的伙伴关系，并通过邀请他们参与班级建设、活动设计、成长规划，增强家长的权能感。

以我所带的班级在寒假发起的"持续打卡阅读"活动为例。当有了假期陪孩子们读书的想法后，我第一时间把这一想法与家长分享，请他们为我出谋划策。考虑到便于进行读书交流，有的家长建议共读一本书；当知道老师会和孩子们一起读时，有的家长提出亲子共读也是一种相当不错的方式，并决定从自己做起；当想到一个人的坚持可能会很难时，有的家长便建议建群打卡，这样大家互相勉励……当这一个个"金点子"都来自家长时，他们就绝不会认为老师在布置额外的任务增添自己的负担，也会意识到面对孩子与教

育时自己绝不是个无力的旁观者，而是强大的支持者与合作者，自己每一点滴的付出都是有价值、有成就的。

其实，一名智慧的班主任，为家长赋权增能的方式有很多，问题的关键在于你是否能意识到家长为什么不能融入你的班级教育中。比如有的家长忙于生计，与孩子都缺少交流和沟通，更无暇关注班级与学校的活动。这个时候，班主任如果能够主动向家长介绍活动的开展或者邀请他们进校参与一些亲子活动，则既能增进亲子间的情感交流，也能促进家校间的密切沟通。

四、进行价值引领，让共育得以实现

家庭是孩子成长的长期学校，父母是孩子成长的关键导师，作为班主任，我们必须清晰地认识到这一成长关键点并敢于以自己的学识能力去影响家庭育人方式。

"班主任去影响家庭和家长?"很多老师会觉得这种想法有些荒唐，毕竟，家校在育人中有着各自的责任边界。可当我一步步走近家长后才发现，他们对于家庭教育的方法是那么求知若渴，对于如何走进自己孩子的心灵是那么焦急迫切，对于如何与老师协力配合也是那么在意又无措。这时，班主任如果敢于打破家校间的界限，适时根据家长所需给予一些引领和指导，就会让合力育人事半功倍。

在班级管理工作中，我是一个非常善于捕捉时机对家长进行价值引领的班主任。闲聊中，不少父母都为孩子过于沉迷手机游戏而焦虑，可他们却并没有意识到自己在和我的交流中也不时地对着手

机瞟几眼，《这样做，让孩子真正放下手机》就是我针对大家最头疼的问题设计的一次家庭教育讲座。由于主题正好切中家长需求，他们纷纷报名参加。我通过一件件鲜活的事例让家长意识到孩子其实是家庭的一面镜子，映照出的问题恰恰是家长最真实的行为再现，引领他们在怨责孩子不省心前先反思自己。在意识到自己才是问题源头之后，家长们纷纷来向我讨教："老师，我一定改，可是现在要怎么做才能更好地影响到孩子呢？""老师，您把问题分析得特别透彻，我服您！接下来我可以做些什么？"当家长带着虔诚而虚心的态度来讨教时，我的那些正向的班级活动理念和育人价值观便成为他们最迫切的"救命稻草"，被抓得紧紧的不肯放松。

因为善于寻找问题根源，也能想方设法地创设最恰当的机会让家长理解"老师在做什么，为什么这样做，这样做的好处在哪里"，在我的班级，任何一项活动都有家长做我最强力的后盾。我的班级管理工作轻松了不少，效果也出人意料地理想。

家校沟通不易，朝着共同的育人目标齐头并进更为不易。一个明智的班主任，一定要用心搭建起让家长了解教育、理解教育、支持教育的平台，也一定要用智慧搭建起凝聚家校合力、联动优势资源、指向健康成长的舞台。这样的搭建，不仅需要智性，更需要行动。

（原文发表于《中国教师报》2019 年 7 月 17 日）

家校联动，实现同频共振，让"1+1>2"

常人方

现在是互联网时代，科技非常发达，作为新新人类的我们早已习惯用微信、钉钉这样的高科技沟通方式来构建我们的家校沟通网。因为这样不仅可以节约沟通时间，还不受时间、空间的限制，最重要的是不用和家长们在繁忙的工作中寻找彼此方便的时间和地点，也不用拿着模糊不清的家庭住址挨家挨户打听学生的住处……方便至极。我们也曾认为那让不少"80后""闻风丧胆"的面对面沟通会慢慢成为"过去式"，运用高科技交流会让我们的家校沟通更加畅通无阻。显然，事实并非如此。

越来越多的家长缺乏参与学校教育、家庭教育的意识，他们错误地认为"学校教育应为孩子的学业负全责"；社会压力的增大让家长们疲于应付生活，而无暇顾及孩子的成长，这让老师们总是没办法利用好家庭教育的力量，陷入孤军奋战的境地；线上沟通或者虚拟世界的家校联系，没有了情感的交流，使得家校沟通的效果大打折扣，家长们只有在迫不得已的情况下才会硬着头皮与老师们进行沟通，在压抑心态下的家校沟通很难深入，无法形成教育合力，也就谈不上实效了。作为班主任，为促进家校之间的紧密合作，形成良性循环，我主要借助家长会的方式实现家校共育。

我们都知道，家校沟通并不是简单地向家长们汇报学生的在校表现和学业成绩，而是在此基础上能够针对学生日常学习、卫生、纪律等方面的表现发现学生的发展迹象，从而与家长们进行有效的沟通。只有这样的沟通，才会让家校交流更具有针对性。

面对不同的家长，我采用了以下不同的沟通方式。

一、放大学生优点，重拾家长信心

我们班的文涛是个标准的后进生，各方面的表现实在是不尽如人意，我非常迫切地希望能够与他的家长进行沟通。但是，每次和文涛爸爸通电话时，他都会说："不好意思，老师，这几天我很忙，实在是抽不出时间见面，要不等下次吧！""老师，我也拿他没办法呀，从上初中开始他就叛逆了，早就不听我的了。"……每次沟通都是在让人郁闷的情况下结束的。如果我的沟通太过频繁，让他有些不愉快了，那么下次电话那头回应我的人就会换成文涛的后妈。

一开始我确实觉得文涛爸爸有些不负责任，但换位思考后，我才慢慢地理解了文涛爸爸的心态，仿佛只要不和我见面、不与我沟通，就可以不用面对文涛各方面的不尽如人意，也就不用承认自己在文涛教育方面的无力，也就更谈不上要为此负责任了。面对文涛爸爸，我采取了"放大学生优点，重拾家长信心"这一措施来进行家校沟通。在一次沟通中，我努力缓和与文涛爸爸交流时的紧张气氛，先放松他的心态。随后，我从日常的学习、生活中寻找文涛的闪光点，激发文涛的进取心，从多角度全方面地评价文涛。记得有一次，数学老师在我们班上数学达标课，我在下面听课，正好坐在文涛的旁边。可能是因为有我在，所以整节课文涛都瞪大眼睛，听得很认真。最让我意外的是，文涛竟然在课堂上弄懂了平方差公式，不但公式背得很熟练，而且练习题做得又快又好，与其他同学相比毫不逊色。课后，抓住他这点成绩，我在班上大力表扬文涛，并且号召所有同学向他学习。我的这次表扬让文涛学习的劲头更足了，特别是历史和道德与法治这两科，文涛的学习劲头多次得到任课老师的赞赏。抓住文涛的这个闪光点，我再次联系了文涛爸爸。在这次的沟通中，我明显感受到文涛爸爸兴致很高，也很容易接受我在家庭教育方面的小建议。

二、及时了解学情，获得家长认同

在一次家长会后，我正忙着和家长们交流学生近阶段的表现，一个非常突兀的声音打断了我："老师，我是段红的家长。段红个子不高，不能坐在后面，你得给她调一下座位，她六年级时的班主任都把她放在前面。最好把我女儿调到前三排，那里的视野最好。还有，她数学成绩不好，你要给她安排一个数学好的同学坐同桌，最好是女生，男生太邋遢，我女儿不喜欢。"面对段红家长的颐指气使，我没有立刻反驳，而是与段红家长私下沟通，通过了解学生情况，获得家长认同。

为了更好地解决此事，我主动联系了段红家长，我们就段红的情况进行了深入的交流。在沟通中，结合我了解到的段红眼睛做过手术不能戴眼镜这一情况，为家长分析有助于段红成绩提高的各种条件；同时，针对调位问题，我也与段红家长进行了面对面、心与心的沟通，让我和段红家长圆满地解决了这一问题，也为下一次家校沟通打下了坚实的基础。

三、帮助学生解压，缓解家长焦虑

梓涵是我们班的美女学霸，多才多艺，是我们口中的"别人家的孩子"。在与梓涵妈妈的沟通中，我了解了这位妈妈对孩子所抱有的期望。梓涵也很争气，成绩一直名列前茅。升入初二后，梓涵开始迷恋手机，一次月考中，她的历史成绩不太理想，在班级中只能算中等，这让梓涵妈妈很着急。在严厉的斥责得不到有效的回应后，梓涵妈妈情急之下对梓涵动了手。在之后的交谈中，梓涵妈妈向我表现出对动手的后悔，但是"爱之深，责之切"，面对女儿的不思悔改，梓涵妈妈还是狠心地惩罚了梓涵。这样的刺激让梓涵在之后的学习中一直提不起精神，成绩非但没有起色，反而有下滑的趋势。面对焦虑的梓涵妈妈，我只能先安抚她紧张焦虑的情绪，再做她的思想工作："梓涵妈妈，我理解你对梓涵的期望，但是学习是个长期的过程，一次小小的失误并不能代表什么。梓涵在这个阶段确实有迷恋手机的迹象，但是对于她这样的孩子，我们并不一定需要通过动手来解决问题。梓涵是个聪明的姑娘，我相信她也有自己的人生规划，学习并不是她的全部。作为家长，我们可以引导她多把时间用在学业上，但是千万不要给她太大的压力，这样得不偿失。"在缓解梓涵妈妈情绪的同时，我和梓涵约法三章，将梓涵的学习引到正途上，之后梓涵在期末考试中又取得了令人满意的成绩。

班主任的工作千头万绪。要想真正地做好班级管理工作，必须以生为本，这是化解难题的法宝。所有家校沟通都是围绕学生而展开的，沟通的方法可以说仁者见仁，智者见智。作为老师，我们只有用心对待学生的每一个问题，用情与每一位家长沟通，才能使学校与家庭相互配合，为学生的健康快乐成长搭建更加优质的平台，才能真正做到为学生的幸福人生奠基。

（原文发表于《青年教师》2021 年第 11 期）

谱好曲子，方能唱好家校共育歌

孙晓妮

班主任接手新班时总会遇到这样的家长："孩子交给老师，我们就放心了。孩子犯错，打骂随您，我绝对没意见！"说话时，家长态度真诚，但真诚得令人不安：如果家长都采用"托付"的方式与教师配合，那教育的意义又在哪里？这种对教师、学校的"厚望"，背后掩藏的又是什么？

其实，家长也是教育者，但不少家长却很难说是合格的教育者。"孔子家儿"之所以"不知骂"，"曾子家儿"之所以"不知怒"，是因为受到良好家庭教育的影响。如果家长只知道依赖教师，那么这样的教育很难成功，孩子的成长也将受限。

因此，为了最大限度地发挥家长的光和热，我接手每届新生后，都会通过家访、家长会、班级微信群、举办丰富的活动等渠道，给家长传递一个理念：陪伴孩子，与教师共同探讨家庭教育。

一月一本书

近年来，我执教的多是中学低年级，我发现家长在教育方面的知识储备普遍不足。向家长推荐阅读书目是我进行家校沟通的一个重要方法。《好妈妈胜过好老师》《爱的教育》《正面管教》《好习惯决定孩子的一生》《阅读的力量》是我的必推书目。多数读了这些教育书籍的家长，都在不同程度上发生了积极变化。刚开始也有一些家长以工作忙为由不读书，但只要学生向我反映，我就会以家访的形式督促家长学习。久而久之，在与学生的交谈中，我经常听到学生告诉我，爸爸妈妈读了这些书后的变化，比如喜欢与他们谈心了，等等。

一月一封信

学校一直倡导学习《父母规》，我班的"父母学堂"也会给家长留作业，让家长反思自己的教育行为。这种学习方式曾遭到许多家长的抵触，反对理由一是没时间，二是不会写。作为班主任，我帮助家长分析其中利弊，告诉他们，只要想写就能找到时间写，至于写什么，把自己想对孩子说的话写下来就很好。于是，家长尝试着给孩子写心里话，孩子们阅读后写的体会，我会放在每月一次的家长会上，让家长阅读。

家长的反思达到了良好的效果，许多家长诚恳检讨了自己在教育方面的失误，对孩子的教育方式也发生了变化。

一月一家长会

家长之间的相互影响，往往胜过班主任喋喋不休的教导。所以，在每月一次的家长会上，我事先安排几位优秀学生的家长分享家庭教育经验。虽然他们不是教育专家，但他们的方法是朴实有效的，更容易引起其他家长的共鸣，进而促使更多家长学习和改变。

一人一家访

家访是班主任与家长沟通的一种传统方式，也是我从教多年来一直坚持的。有教师认为这样做效率低，特别是在通信发达的时代，打一个电话就能解决的问题没必要家访。但我认为，要想赢得学生和家长的认可，仅仅通过电话交流是不够的。只有当他们认识到教师的可亲可敬，教师的话才会在学生身上起作用，而家访就有这样的魔力。家访既体现了班主任对学生的关怀，也有利于与家长进行深层次沟通，更能让班主任全面了解学生。班主任为什么要家访？当然是为了让真诚的人情味渗透我们的教育。

经过一段时间后，家长们或多或少地发生了改变，他们不再呵斥或溺爱孩子，而是耐心地陪伴孩子。虽然他们变化不一，但无论如何，有变化就是进步。

班主任可以用各种各样的方式与家长相处，但我始终认为，家校合作就像一首歌，而教师是谱曲者，歌声动听与否取决于曲子是否在调上：多一分了解和引导，多一点交流和体谅，才会多收获一份教育的希望。

（原文发表于《中国教师报》2020 年 4 月 29 日）

让家校共育成为一道暖心的风景线

　　孩子的成才之路不仅需要教师的扶携，也需要家长的助力，班主任工作的重点之一就是搭建家校沟通的桥梁，让家校共育发挥"一加一大于二"的作用。可"搭桥"是个技术活儿，稍不注意就可能留下隐患，给班主任工作带来困扰。每当听到身边的老师抱怨家长的不理解、不配合，我不禁扪心自问：是不是我们的沟通不够及时？将心比心，是不是我们的交流不够真诚？平心而论，是不是我们没有把家长当成同盟军？

微笑沟通，敞开彼此的心门

　　笑会拉近人与人之间的距离，面带微笑与家长交流，友好在言语中传递，尊重在开诚布公中传扬，家校的无缝对接便不再是空中楼阁。家长即使对我们的言行有看法，但当面对我们一脸真诚的微笑，也会变"百炼钢"为"绕指柔"，一场即将产生的分歧便会偃旗息鼓。

　　暑假的来临意味着一年的班主任工作即将画上句号。暑假赶上学校搬迁，有不少学生涉及转学的问题，为了方便家长给孩子办理手续，也为了升级时的科学分班，学校在假前进行了转学统计，我在班级群里进行了再三落实。开学第一天，新的班主任开始去各个班级领自己分到的学生，正当我站在讲台上对新生强调班规时，一个熟悉的身影在我班门口晃悠，开门一看，竟是小鑫，我一下怔住了，我根本没给小鑫分班呀！手机微信里仍然保留着小鑫妈妈假前给我发的要转学的信息，是哪里出现了问题？我立即打电话让小鑫妈妈到学校说明情况。小鑫妈妈风尘仆仆地赶来，我还没有发问，她便冲着我劈头盖脸地质问："你凭什么不给我儿子分班！我只是报名转学，我又没有真正办理转学手续，你太不负责任了！"我理解小鑫妈妈的焦急和冲动。我知道我应该在分班前再次确认小鑫是否已经转学，这是我的疏漏。于是，我面带微笑，让小鑫妈妈别着急，告诉她如果孩子不转学，学校一定会给孩子分班。看我和颜悦色，她的脸色也缓和了一些。在交谈中，她向我吐露她的公司正在搬厂房，她得天天开车到处联系公司的事务，所以将孩子转学的事情一拖再拖，孩子本来也不想转学，就这样一直拖到开学，干脆就不转学了。后来，她面带羞愧地向我道了歉，说她因为事情多所以心情烦躁，稍有不顺心就容易发火，这件事主要是她的问题，不该对我出言不逊。一心为了孩子，我们心照不宣，所以当我们相视一笑时，一场矛盾也就此化解。

微笑像春风拂面一样美好，如严冬中的阳光一样温暖，会让家长和老师的交谈产生相见恨晚的亲切感，那么家长一定会相信：孩子有这样的老师是幸福的。心中有阳光面容才会灿烂，这样的灿烂是有感染力的，不但能够照亮学生的成长之路，还能赢得家长的支持和配合。

多彩活动，诚邀家长走进班级

微笑走心，活动启智。丰富多彩的家校联谊活动，能发挥家长的智慧，共同给学生营造更加和谐生动的学习、生活氛围。

每当学校举行开放周活动，我总要邀请家长到校，观摩我的课堂教学和班级管理。我还把有特长的家长请上讲台，过一把当老师的瘾，当他们深切地体会到站在讲台上讲一节课是多么不容易时，他们给予我的是更加真诚的支持和协助。学校举行经典诵读比赛，我在班级群里征求家长的建议，当朗诵内容确定后，擅长制作课件的家长主动帮忙配上了背景音乐和图片，这令学生们兴奋不已，也吸引了越来越多的学生爱上经典诵读。冬天来了，低年级的孩子特别容易感冒，细心的家长关注到了，于是带头成立了"妈妈暖心团"，暖心的妈妈们用不到一周的时间，就亲手缝制了四十五个五彩缤纷的小坐垫，每当学生坐着暖暖的坐垫上课时，妈妈们无私付出、关爱他人的暖流自然涌入孩子们的心田，谦让、互助的文明之风便流淌在整个班级。有的家长在培养孩子某一方面很有心得，借助家长会可得好好分享：欣然妈妈分享"育儿劳动法则"，引起很多家长的共鸣，在班级中掀起了孩子主动做家务的热潮；子钧爸爸分享了"玩中小练笔"的写作训练方法，引得很多家长模仿和借鉴。

这些家长，我称他们是班级的"外援指导教师"，充分发扬家长的育人智慧，家长在参与班级事务、班级活动中，不但成为我最得力的助手，还对我的工作多了几分理解。

亲子互动，催生家校共育之花

亲子互动，不但能"大手牵小手"，还能"小手拉大手"。我以学校举行的亲子活动为契机，创造尽可能多的机会让家长和孩子共同在活动中体验，传递文明言论，落实积极行动。

每学期的亲子运动会是孩子和家长最期盼的活动，在班级群里我会与家长进行专门沟通。为了在比赛中脱颖而出，很多家长利用课余时间进行锻炼，提升了亲子配合的默契，让孩子在锻炼中培养了团队合作的意识，树立了公平公正的比赛理念。我在班级中开展"共读一本好书"的活动，亲子之间分享阅读、分享快乐，家庭中弥漫着浓浓的读书气息，睿智的家长们用精美的画面和生动的乐曲给亲子阅读增添了不少艺术色彩，于是在展示中以雅言传承经典的精彩不断。

有了家长的参与，班级活动往往能锦上添花。这也让我深切感受到，对学生的教育不能单靠老师的力量，我们要创造机会，引导家长参与到孩子的成长中，这样家校携手才能绽放更多的精彩，让学生获得更好的发展。

家校共育可以成为一道暖心的风景线：真诚相待，微笑以对，相信我们和家长一定能以心换心；多彩活动，参与体验，相信我们一定能赢得家长的支持，从而共谋同育计划；创造条件，亲子携手，相信我们一定能倾心打造和谐积极的班集体。家长的成长有时候也需要我们来搭建平台，当家长的参与意识由被动变为主动时，当家长的身份由被动参与者变为主动践行者时，学生的积极成长便会变得自然而然、顺理成章。

（原文发表于《青年教师》2020 年第 12 期）

家校携手，共筑"同心圆"

汤晓荣

"老师，今年我就把孩子交给你了，功课我辅导不了，孩子在家也不听我的话。""老师，我们孩子就听你的话，你对他严厉些。"作为老师，每每听到家长这样说的时候，我的内心很复杂——欣喜又失望。欣喜的是，家长对学校和老师的教育是绝对信任的；失望的是，家长把教育责任都推在学校和老师身上。其实，孩子起码有一半的时间都是在家里度过的，所以家庭教育和学校教育一样重要，甚至更重要。

孩子在学校里的一切问题都会在家庭中折射出来，而学校教育产生问题的根源也可以追溯到家庭。苏霍姆林斯基说过："教育的效果取决于学校和家庭的教育影响的一致性。如果没有这种一致性，那么学校的教学和教育过程就会像纸做的房子一样倒塌下来。"如何让家庭教育和学校教育并肩，共同促进孩子的成长呢？

一、提供学习平台，更新教育观念

父母是一个不需要学习、不用持证就能上岗的"职业"，这存在很大的弊端，很多父母在教育孩子方面既没有知识支撑，也没有经验可谈。这个问题引起了社会层面的关注，最近各地都在探索父母

"持证上岗"，毫无疑问是为了更新家长的育儿观念。而学校可以给家长创造学习的平台，帮助其建立和谐的亲子关系，助力孩子的成长。学校可以定期举办不同主题的家长大讲堂，通过事例分享、交流讨论、寻找初心等环节，引领家长积极成长，引发家长深度思考，引导家长畅所欲言，从而使家长收获育人的新思想和新理念。学校也可以安排心理老师走进社区，针对亲子关系、电子产品的使用和学习规划等热门话题，为家庭进行点对点的咨询指导，为家长量身定制适合他们的教育方法，帮助他们营造和谐的家庭氛围。学校也可以举办"听我说"活动，邀请家长来倾听孩子的心声，缓解紧张的亲子关系，助力孩子的健康成长。学校微信公众号还可以推送优秀的家庭教育文章，帮助家长顺应孩子天性，激发孩子的无限潜力，让孩子拥有幸福的人生底色。

二、明确双方责任，统一教育战线

很多家长非常关心孩子的成绩，甚至认为分数是衡量孩子的唯一标准，殊不知塑造孩子健康的人格才是教育的首要任务。其中，家长和学校有着不同的责任和要求。

家长要重视自身的榜样引领作用。家长更关注、重视的不该是孩子能考多少分，而应是把他培养成一个"完整"的人，让孩子对学习和生活充满热情。家长要明白，分数只是暂时的，而孩子的行为习惯是终生的。家长应该把精力更多地放在孩子行为习惯的养成方面，因为孩子的行为就好比是冰山露出水面的那一小部分，而沉在水下的那大部分，是孩子的信念，是其追求归属感与价值感的方式。这信念能决定孩子是否积极乐观、充满自信。家长在和孩子的朝夕相处中，要以身作则，以自己榜样的力量影响孩子，给孩子正面的引导。在孩子幼小的心灵中，"随风潜入夜，润物细无声"的教育往往比有声教育更有效。陶行知说，家庭教育的好坏决定了孩子的一生，父母都希望孩子能够过好这一生，成为优秀的人。一个优秀的孩子，背后一定有一对优秀的父母在影响他的成长。所以，家长希望自己的孩子成为什么样的人，首先自己就要去做一个什么样的人。

学校要帮助每个孩子都找到努力的方向。学校作为专业的教育基地，有着专业的教育工作者团队、明确的教育目标、详细的教育计划、良好的学习环境，因而育人的效果较家庭更佳。学校要给孩子创造能够充分发展个性的空间。这就需要学校关注课程的丰富性、多样性和可选择性，让每个学生在学校优质的办学资源中，能力得以充分发掘。学校应关注每个学生社会交往能力、表达能力等方面的差异性，让学生学有所得、学有所长；关注社会实践活动对推动学生社会性发展的意义和价值，让学生在自发的状态中积极参与；改变唯分数的单一评价，立足学生素养培养的丰富性、多样性，设置多元评价，调动学生的积极性。

三、促进家校共育，形成教育合力

为建立新型的家校关系，学校可以制作家校联系卡，发动家长人人参与到学校工作中，打通家校沟通的"最后一公里"。每个年级可以设立家校联系簿，方便学校、教师和家长之间联系，有效构建起一条家校沟通的绿色通道。

学校可以组建家委会团队，成立三大主体家委会，即校级家委会、年级家委会、班级家委会，参与学校日常管理。学校可以积极发动家长参与到学校课程的规划、设置、研发、实施和评价过程之中，通过问卷调查、家委会座谈等形式，形成家校共育的一手"大数据"，为科学施教奠定基础。学校可以引导家长参与学校的各种活动，家长可以结合自己的专业、职业，为学生开设课程或讲座。

学校可以适时组织节日系列主题活动，或在学生人生的重要时间节点，邀请家长入校，引导和帮助家长提升育儿理念。如每年初三年级可以举行 15 岁青春礼，邀请家长参与：学校通过家长给每个学生颁发"青春手册"，家长也可以给学生写一封信，对孩子进行鼓励，增强他们的社会责任感和使命感。每年新生入校，学校可以遵循"学生未进校，家长先开学"的原则，为新生家长提供针对性和实效性的信息和指导。通过多样的家校互动，促进家校合作，为家校共育搭建平台，在潜移默化中形成学校与家庭的教育合力。

学校教育需要家庭教育的配合，家庭教育是学校教育的基础，所以只有家校共育，携手共进，才能为孩子的青春保驾护航。

（原文发表于《教师博览》2022 年第 2 期）

三方携手，为成长增色

陈春霞

原国家教育委员会副主任、国家总督学柳斌说过，国民教育的平台靠家庭教育、学校教育和社会教育支撑。三者相互关联，有机地结合在一起，相互影响、相互作用，为孩子创造美好的未来。这一段话非常形象地点明了家校社协同育人的重要性。

设立家长学校，帮助家长树立正确的教育观

教育方式的变革引起了家庭教育观的变化，特别是"双减"之后，家长出现了不同的情绪变化，有因为作业减少而欢喜的，也有因此而焦虑的，无论是欢喜还是焦虑，最终都指向孩子的成长。为此，学校设立家长学校，旨在通过系列家庭教育讲座帮助家长树立正确的教育观。

家长学校对许多家庭都起到了非常好的指导作用，但在推进过程中存在一定的困难。主要是家长课堂开放的时间与家长的工作时间相冲突，再加上受疫情影响，线下活动难以保证，线上学习的效果又不尽如人意。面对这样的情况，我们采取了"先影响小部分家庭，再逐步扩大影响"的策略，从学校各年级家委会成员开始同读、

共听，在相互学习与交流中践行正确的家庭教育观，增长家庭教育智慧，并以此带动更多的家庭走进来，促进家校共育。

开展社区活动，让成长拥有更为广阔的空间

在挖掘社区资源的基础上，我们携手社区开发了红色教育基地、劳动实践基地，为学生的成长提供更多舞台。

学校所在的乡镇流传着许多英雄故事，我们在社区退休老教师的带领下查阅资料、走访调查，了解了各个村落的历史。在明历史、识英雄的过程中，我们组成了"海贝宣讲团"，在宣讲中将爱国情怀深耕学生心中。从访到讲，系列活动让学校与社区紧密相连，更好地达成了德育目标。

除了利用红色资源，我们还将"爱伦湾海洋牧场"劳动实践基地引进社区。学生在基地可以体验系列海洋劳动，激发学习和创造激情。

学校与社区合作的方面还有很多，除了红色教育、劳动实践外，还有非物质文化遗产的了解及学习等。走进社区既是学习，也是实践，在很大程度上提升了学校与社区携手共育的成效。

走入社会，争取更大的教育合力

在携手家庭和社区的过程中，社会这个教育平台我们也没有忽视。我们以学科实践活动为引线，在项目化的实践活动中，让学生更加了解社会，开阔学生的眼界，为其成长助力。

学习了"垃圾分类"的知识后，我们联系了垃圾回收站，带领学生走进工厂，了解垃圾的种类以及分类标准；学习了"折线统计图"的知识后，我们带领学生走进气象台，了解气温测量以及记录方法，引导学生从"学以致用"走向"用以致学"。

健全家庭、学校、社会协同育人机制不仅是我国教育的远景目标之一，更是我们每一个教育工作者为之努力的方向。坚定地走下去，学校、家庭和社会三方面协同育人的局面定能为学生成长增色。

（原文发表于《新班主任》2022 年第 4 期）

家庭、学校、社会齐心共育健全学生

王晓菲

现行的教育理念越来越重视学生的全面发展，从孩子出生至学龄前，家长给孩子报各种各样的才艺班，一个五六岁的孩子对琴棋书画、编程、英语、轮滑等都有所涉猎，家长觉得这是促进孩子的全面发展。到了学校，各种活动、各种"节"让教师和学生应接不暇，似乎活动开展得越多越精彩，就越能发展学生的能力。实则不然，虽然诸多的活动在一定程度上开阔了学生的眼界，但是放眼望去，现在的孩子在家长和教师的督促下过得太匆忙。匆匆忙忙地成长势必顾此失彼，社会由人格健全的人来建设才能和谐美好，我们的教育就是要培养人格健全的人，这需要家庭、学校、社会齐心协力，共同培育。

一、家庭

家庭是社会的最小单位，也是孩子成长的第一所学校，可是当好父母却不是那么容易的。开车需要驾驶证，当会计需要会计证，当教师需要教师资格证，唯独这个最重要的需要我们扮演一辈子角色的父母却不用考试，当孩子一生下来我们就自然而然地荣升为父母了。在孩子成长的路上，父母虽然付出了很多，但会在不经意间用"爱"伤害孩子，所以要培养人格健全的孩子，父母要做的还有很多。

1. 父母应不断学习

学习着当父母，在这个快节奏的社会似乎被人们忽视了很久。每一位父母都觉得自己完全能胜任这个角色，因此只顾着享受孩子成长的乐趣，遇到孩子不合常规的表现，便不去思考，张口就训。

我做过一件让我至今想来仍对孩子充满愧疚的事。

一次来家做客的一位小朋友破坏了儿子拼了一上午的坦克，面对散落一地的小零件，儿子不依不饶地吵着让小朋友给他拼起来，小朋友吓得放声大哭。我赶忙训斥儿子不懂事："小弟弟都给你带了礼物，这个只是碰散架了，你拼起来不就得了。"儿子竟委屈地大哭起来。可我抱起了小朋友，还说儿子不识大体，最后在我的威逼下儿子抽泣着出来道歉。

我自认为事情圆满解决了，不会对任何人造成伤害。直到我读了一本心理学的书，知道了一种现象叫作"损失厌恶"，才发现自己错了。书上说，人们面对损失时的痛苦大大超过获得的快感。原来儿子当时的表现是非常正常的心理现象，而我却不懂，硬给他贴上了"不识大体"的标签。更让我难以释怀的是，我不去安慰儿子，反而拉着处于痛苦中的他道歉。每次想起这件事，我的心中都充满了自责，因为自己的不懂、不学习而伤害了孩子。

父母要不断学习，在教育孩子的同时，教育自己更重要。

2. 父母应教育有方

教育孩子，不是随意发泄你的不满，简单粗暴或许能压制一时，但孩子被压制的情绪若得不到疏导，总有一天会喷薄而出，那时将会造成更大的伤害，父母教育孩子应有方法。

学校选拔一批乒乓球小选手，周末有意向的家长带着孩子来尝试，体育馆里好不热闹，大家都在按老师说的练习颠球。对于没有接触过乒乓球的孩子来说，要颠十个球可不容易，那调皮的小球一刻也不愿意在球拍上多待，争先恐后地往地上跑。"干吗呢？你真笨，怎么就能颠两个？""你没长耳朵吗？老师说球拍要整体动，整体动，你乱扇乎干什么？"一位妈妈的吼叫声在体育馆里荡漾着，惹得众人纷纷看向这对母子。孩子眼里噙着泪，低头瞄着看过来的人群，那一刻孩子心里是多么无助和恐慌啊，但妈妈的怒骂声依然没有停止。"不错，不错，能颠两个了，再来，注意手臂运动。""哎，真好，没事儿，加油！"另一位妈妈的声音吸引了我。这是一个胖妈妈领着同样胖乎乎的孩子在练习，虽然孩子一看就不是灵巧型的，但是在妈妈的鼓励下，孩子的眼里闪烁着坚定的光，小嘴儿抿着，脸上透着被肯定的自信和不放弃的执着。

每个孩子都有灵性，每个父母都有着自己引以为傲的育儿经，但您的教育适合孩子吗？您关注过他的内心吗？教育不是一蹴而就的，孩子的成长也不能快马加鞭，教育光有爱是不够的，还要有方法，懂得爱，会爱，慢慢地去引导、鼓励，才能养育出一个人格健全的孩子。

3. 父母应做榜样示范

不少父母跟我抱怨，孩子假期、周末甚至晚上写作业的时候，都会趁着父母不注意玩手机，怎么说都不听，甚至还狡辩犟嘴。

王维审老师讲过这样一个故事：

> 有一位女士养了一只珍贵的鹦鹉，可是它却有一个毛病，经常咳嗽且声音沙哑难听，好像喉咙里塞满了令人作呕的痰。女主人十分焦虑，带着它去看兽医，结果显示鹦鹉非常健康。女主人急忙问："那为什么它会发出这么难听的咳嗽声？"医生回答说："鹦鹉学舌，它之所以发出咳嗽声，一定是因为它经常听到这样的声音，你们家里有人经常咳嗽，是吗？"这时，女主人有些不好意思了，原来她有抽烟的习惯，所以经常咳嗽。鹦鹉只不过是把女主人的咳嗽声模仿出来了而已。

当我把这个故事讲给家长听时，很多家长都不好意思地低下了头。显然，当好家长不容易，他们是孩子随时模仿的对象，为了孩子的健康健全，父母的榜样作用不容小觑。

二、学校

学校是育人的主要场所，学生在这里不仅学习知识，也完善自己的人格。目前学校为了保障学生的健全发展,让学生更好地适应社会,做了很多努力和实践,也取得了比较明显的成效,然而我们的学校教育还可以从以下几个方面进行完善。

1. 教育工作者应有教育情怀并与学生共同成长

每一个走进师范院校的学生心中无疑都有一颗为教育而奉献的种子,毕业后走上教育岗位也是怀有一腔热忱,志在为教育而奋斗一生。但三五年过后,繁杂琐碎的工作,让多少教师忘记了当初的抱负,甘愿做一名平庸的教师。特别是师生之间的关系不似以前想象的那般美好,本该互相温暖、互相成就的师生,常常因琐事而剑拔弩张。年复一年地教着一届又一届的学生,教师们唯愿平安度日,昔日的教育情怀因学生的不理解而荡然无存。

正如蔡元培先生所说:"教学应有教有学,又教又学。"教师在教授学生知识和做人的同时,也要学习,向学生学习,向书本学习。杨雪梅老师也迷茫过,一次师生重逢时,本该温情四溢的关系却横亘了缕缕生冷的尴尬,这让杨老师重新思考了自己昔日"看住了,盯紧了,压牢了"的教育方式。是阅读,使杨老师走出了迷茫,看到了教育的光亮。她说阅读班级管理的书,让她在处理学生问题时多了一丝智慧;阅读心理学方面的书,让她走进学生的心灵,探寻到孩子内心的更深处;阅读教育专著,让她可以和大师对话。是阅读,让她面对教育时,有了站在高处的警觉,也有了俯下身段后的柔软。阅读让杨老师快速成长,短短两年的时间,便发表了两百多篇文章，成为《当代教育家》等杂志的特约记者，《中小学心理健康教育》的封面人物，《中国教师报》跟踪报道的对象和多家杂志的特约撰稿人。

读书学习，是教师成长的重要途径。所以，教育工作者应不忘学习，不忘成长，才能不忘初心，永葆教育情怀。

2. 学科教学应将德育渗透作为常态

目前各类课的比赛都要求有德育渗透的痕迹，我们也强调了"优质的常态课"和"常态的优质课"，无一不是打造高效的优质课堂。那么在平时，学校开设的各类学科教学中都应渗透德育，让学生在学有所得的同时，接受更深层次的德育教育，养成更加健全的人格。

历史课上讲到贝尔发明了电话时，老师可以把 0.5 毫米的故事讲给学生听。

在贝尔研究传声装置的同时，莱斯在进行同样的实验，当屡次研制屡屡毫无进展后，莱斯无奈之下宣布研究失败。当时贝尔也陷入了困境。一天，当他坐在这实验桌旁，面对改造多次的传声装置苦思冥想时，他的手无意碰到了一颗松动的螺丝钉，贝尔轻轻地用手将它往里拧了半圈，奇迹出现了，世界上第一部电话机诞生了！莱斯听闻后惊呆了，后悔地说："我距离成功只差 0.5 毫米。" 0.5 毫米只是一颗普通螺丝钉的 1/2 圈，但是莱斯败在了这 0.5 毫米处，而贝尔却成了家喻户晓的电话发明家。

老师用这个故事告诉学生，面对同样的人和事，面对同样的困惑和麻烦，有的人还在坚持，有的人却开始放弃，唯有坚持的人才能走出更广阔的天地。

数学课上讲勾股定理时，老师可以告知学生这一定理在大禹治水时就总结出来了，让学生感受古人的智慧，产生为民族荣誉而努力的信心。进行德育渗透并不仅仅是在道德与法治课上，在各门课程中渗透德育并不难，而且对学生来说这不是刻意而为之，也更容易接受。

3. 社会实践做到实处并帮学生做好人生规划

为了让学生了解社会、适应社会，学校在每学期都会开展社会实践活动，让学生去体验社会上不同的职业。我们时常抱怨教育的乏力和后劲不足，让学生参加社会实践进行生涯规划，正好能弥补教育的这一缺憾，让学生看到未来、看到目标，保持持久向上的学习动力和生活热情。

三、社会

学生是祖国的希望、社会未来的主人，人格健全的学生才能建设和谐向上的社会。为了学生的健全发展，社会也有自己的职责所在。

1. 创设优质的社区文化

苏霍姆林斯基曾说:"单单在儿童上学和回家的路上,他们受的思想教育就比在学校里待上几个小时所受的教育都要强烈、新鲜得多。"学生在学校里关了一天,接受了一天的思想和知识上的教育,放学后他们放飞自己,这时若有健康的文化氛围来引导,学生一定不会排斥而是融入其中。

从学校到我家正好路过广场,广场上有一间书房,每天放学后很多孩子都会在里面待上一段时间,挑选自己喜欢的书,毫无压力地看看。在这安静的环境下,孩子的思想自由飞翔,日久天长,在浸着书香的社区文化下成长的孩子定会愈加健全。

2. 提供多彩的志愿活动

很多学校现在都要求学生积累一定的志愿活动积分后,才能参加各类选拔和评比,虽然这是一项硬性规定,但对学生来说这是锻炼自己的不可多得的好时机。社会上越来越多的机构在向学生提供这样的机会。走进城市书房,学生在热心帮助他人的同时,自己也能畅游书海;走进老年公寓,学生学会关爱老人、尊重父母,感恩父母的不易和辛劳付出;走进老兵家中,与老兵一起重温那段峥嵘岁月,使学生铭记历史,珍惜生活。通过这些志愿活动,学生积极参与社会建设,不仅培养了参与实践活动的能力,更重要的是建立了服务社会、服务他人的意识,增强了社会责任感。

3. 加强大众传媒的宣传引导

青少年希望获得新知识，了解新信息，因此他们是大众传媒最热心的观众。从生活方式到处事方式，从价值观到情感交流，大众传媒为他们提供了众多的信息。大众传媒是时代的产物，有弊有益，我们希望它能在思想道德教育方面给学生带来极大的助益。

营造积极向上的舆论氛围。学生的模仿力很强，判断力还不成熟，媒体应发挥正确的舆论导向功能，正面引导，正面宣传，营造鼓励青少年积极向上的舆论氛围。

弘扬先进典型。各行各业中爱岗敬业、乐于奉献、自强不息的人很多，青少年同龄人当中也有很多感人励志的故事，榜样的作用是无穷的，媒体应加大宣传力度，通过弘扬先进典型的事迹来鼓舞青少年茁壮健全地成长。

蔡元培先生曾说："决定孩子一生的不是学习成绩，而是健全的人格修养。"教育的核心就是培养健全的人，一年树谷，十年树木，百年树人，学生的培养任重道远。家庭、学校、社会应携手共进，共同培育具有健全人格的学生。

（原文发表于《教育文摘周报》2019 年第 43 期）

谈"线上线下教育融合"背景下的
家校合作成效之变

车　英

一场突如其来的疫情，打乱了生活原有的秩序。学生停课不停学，一时间，学生的居家学习、班级管理的跟进、家校的持续沟通等骤然从线下转到线上。开学因疫情延迟，学生的成长需要我们时刻守护。我深入了解居家学生的实际情况，及时做好家长和科任教师之间的沟通交流，创新家校共育的模式，开启了教师线上指导、父母倾情陪伴、学生快乐成长的家校共育新篇章。那么，在"线上线下教育融合"背景下，家校合作成效有哪些变化？我的几点做法与大家共勉。

信任意识由弱变强，实现家校合作的创新高效

疫情期间，我始终把关心关爱学生、加强家校沟通，作为我的班主任工作的重中之重。

我们利用互联网平台，通过班级微信群，向所有家长发送了学校自编的《新冠肺炎防护知识手册》和《心理防护手册》，帮助家长和孩子了解新型冠状病毒防控知识，做好家长和学生的心理疏导和

学习的生活指导。

我急家长所急。家长的烦恼，我耐心倾听；家长反映的问题，我及时跟进。我积极为家长们送书送爱，家长在教育孩子的过程中也会遇到各种各样的问题，他们或许会找老师倾诉或者寻求帮助。首先是耐心倾听家长的心声，做好记录，再根据他们的困扰，给予适当的指导；对于家长反映的问题，还要有后续的跟进，主动与家长联系，看看问题是否得到解决或改善。

比如，疫情期间家长线上向我反映，孩子在家中常常玩手机，说不得、打不得，让人很是头疼。我克服困难，开展了"一米家访"。家访中，我积极和家长沟通，了解学生的身体状况以及学习和生活情况，针对家长在陪伴孩子的过程中的问题和困惑进行解答和记录，和家长达成共识，那就是有目标、有计划地给孩子布置不同的任务，指导并提醒家长按时接收班主任老师在班级微信群中推送的各类知识；指导学生合理安排好学习时间，并在家进行适宜的体育锻炼，提高自身免疫力；并提醒家长做好孩子的安全监护工作，多关注学生身体健康，让孩子加强疾病防护，特别是要确保自身和家人安全，若有困难及时向学校及老师反映。通过此次特殊的家访，学校和老师更加详细地了解了学生的居家情况及家长的困惑，为每一个家庭送去了温暖，拉近了家校距离。线上与线下的家校教育的融合，使得家校合作高效运转且充满新意。

家长课程齐亮相，让家校育人成合力

疫情期间，学生和家长出现了许多问题及困惑，我们学校及时针对家长提出的家庭教育中存在的一些典型问题耐心地进行梳理，并根据家长的实际情况和实际需求，打造了家长课程体系，即自助课程、定制课程等特色课程。

自助课程助成长。

自助课程是针对所有学生，分高、中、低三个学段制定出不同主题及内容的课程，然后由家长、学生根据具体需求，自主选择符合自己口味的心育课程。编写心理教案，并针对学生的特点和接受能力录制成直观的微课视频，每周推送至班级微信群。孩子在家长的指导下心理更健康，成长更阳光。

定制课程润心田。

定制课程是针对有特殊心理问题的学生进行私人定制，有的放矢地设计教学内容，并录制成学生喜欢的视频，进行一对一的推送，拂去了特殊学生心中的阴霾，让每一颗干涸的心都得到润泽。

家长课程在线上的推出，为家长们送去了一套专业而有效的家庭心理教育途径及方法，把深奥的心理知识，用浅显直白的卡通图文相配方式，以及学校中优秀孩子各方面表现的视频或图片，让家长看得清楚，学生学得明白。家长们收看后及时交流反馈，教师现场答疑解惑，达到了非常好的教育效果。

参与意识由散变聚，实现家校合作的良性互动

疫情期间停课不停学，在"超长版"的假期里，为了让家长能科学指导孩子的居家生活，按照高、中、低三个学段，技能教师自编不同的课程内容，并根据特殊学生的特点，将其录制成易学易懂的视频，每月定期推送到各班家校群，并在线细致地指导家长如何在家庭中引导孩子学会折纸、烹饪、面点制作等技能，让学生在实践体验中学会更多的生活技能，同时感受父母的辛苦；国学徒手韵律操、轻器械韵律操、古诗手指韵律操也按计划稳步推进，班主任按计划定时将三操视频内容发至班级微信群，并在线指导。我们通过这些方式，让学生居家不忘学习，坚持锻炼，使学生不仅增强了劳动意识，也懂得了感恩，"宅"出了不一样的风采。

线上的学习，促进了家长和孩子对于技能学习的良性互动，线下我们还积极组织学生开展了巩固活动——以"我成长，我快乐"为主题的系列竞赛活动。"四月会诗，我们一起动起来"低年级古诗手指韵律操比赛中，孩子们在家长的指导下能声情并茂地表演、绘声绘色地朗诵；"心随手动，我是巧巧手"低年级趣味折纸比赛中，孩子们心随手动，用心折出了稚嫩的作品；"蔬菜王国展风采"中年级家政基础课程比赛中，孩子们将各种蔬菜处理得井井有条，过程忙而不乱；"巧手变变变"中年级纸艺课程比赛中，孩子们发挥想象，用自己的巧手让普通的彩纸变成了一件件精美的艺术佳品。学校线上线下家政课程的有效联动，激发了家长关注学生成长的热情。

学校还定期举行家长开放日，邀请有时间的家长作为特邀嘉宾，共同举办"感恩父母""生日同乐会"等主题活动，吸引家长参与到具体的校园活动中。这既使家长和孩子之间的关系更加融洽，又能够加深学校和家长之间的了解和理解。同时，在主题活动上，老师可以和家长进行细致的沟通和交流，传递教育理念，获得家长对学校教育教学活动的更多支持。

因此，在线上线下的家校合作主题活动上，老师既是家长的"良师"又是"益友"，把正确的教育理念传递给家长，让家长参与意识由散变聚，实现家校合作的良性互动。

线上教育与线下教育各有优点，二者进行有效的融合，可以让家庭教育与学校教育互为补充，以此丰富家校合作的有效途径。让每一个家庭都愿意、都能够成为家校合作的主力，让学校教书育人的效果事半功倍。

（原文发表于《青年教师》2021 年第 8 期）

家校合作的"越界"与"守界"

杨雪梅

无论是学校教育还是家庭教育，其终极目标都是指向人的——为了孩子的全面发展和健康成长。按理，有了同一目标的牵系，家校之间的合作也应该是顺畅和谐的。但事实并非如此，学校、教师常为家长的不配合、不理解而无奈神伤，家庭、家长也总是因为学校教育与自己的期待存在落差而不满。

当家校同向却难以同频时，家校合作中作为主导者的教师会有心或无意地陷入两种过于绝对的境地中：要么死守边界，只坚守自己在学校里的教育职责就够了；要么热情过火，似乎要把自身那双"全能"的教育之手不断地探伸到家庭教育缺失的方方面面。

家校关系如何由相互滞绊指责走向顺畅和谐，家校合作如何由各自为政、单方发力转向携手并进、有效配合呢？在我看来，家庭固然有家庭的义务，学校也有学校的职责，二者之间确实是有边界的；但就当下社会教育发展的需求而言，作为教育执行者的教师在必要的时候也是需要打破界限、主动发力的。因此，守好界限或打破界限都是师者之必需，但如何守如何破，又或者说什么时候该守什么时候该破，却是一道愁煞众人的谜题。

一、越界——跨出去的那一步才是良好教育的基石

"有什么样的家长就有什么样的孩子，这孩子的问题之根在家庭，我可管不了！""这是家长的事，我这个小老师又能怎么样呢？"在很多教师看来，一个存在教育问题的原生家庭不是自己的力量所能介入和引导的。于是，当发现孩子成长中的种种疑难与家庭息息相关后，他们便有了放弃和不再作为的理由。

其实，家校之间的分界线是有弹性的，而教育者是否具有清晰的边界意识、敏锐的教育感知能力和智慧的介入方式才是决定合作是否顺畅、携手是否有效的关键。

1. 说家长"听得懂"的话

在许多教师的反馈中，"家长素质低""把老师的话当耳边风""不配合工作"等都成了横亘在教育合力中间的那条鸿沟，但有时候稍加细品便会发现：教育者的表述方式才是导致合作低效的主要原因。

"各位家长，我们的孩子终归是要走上社会的，所以大家一定要注意培养孩子的自理、自立能力，多给孩子提供融入社会、锻炼自我的机会……"这是家长会上，一位班主任的侃侃而谈。乍一听，很有道理；但如何执行、如何落实呢？恐怕很多人都会一头雾水。

其实，对教育而言，家长相对是个外行人，当老师的话语体系过于专业或者过于抽象时，虽然听起来头头是道，但对于具体该做什么、怎么去做又茫然无措。因此，老师对家长提出希望时将明确目标、要求具体化很有必要。例如："一个自理、自立能力不强的孩

子肯定不能适应社会，最近在生活课堂上，咱们学习了如何乘坐公交、如何购物，以后这样的事就让孩子自己来做！"这样的要求，人人都听得懂，自然能让家校合作增益不少。

2. 将家长摆在"自己人"的位置

对教育来说，比"不配合"更令人揪心的是家长总和老师站在对立的一面——要么追问质疑，要么姿态强势，要么滋生摩擦。

可能有一个问题大家都忽视了，那就是相互沟通时老师的发声立场会影响到双方的站位。我捕捉过这样的镜头：当孩子在学校里出了问题后，老师便气不打一处来，诸如"你们家的孩子""你们当家长的""我这个老师"等句式便不假思索地脱口而出。这些老师不明白的是，当自己开口便要分出个"你和我"时，就已经先一步将家长推到了自己的对立面。因此，沟通时，老师要观照言语细节，于不动声色间把家长拉到与自己比肩的位置上。

很多家长在评价我这个班主任时，都会说："杨老师这个人虽然有脾气，也严厉了些，但人家是真心为了咱孩子好的！"个中道理极其简单，因为和蔼也好，严厉也罢，我一张口肯定是会先把家长变成"自己人"的。"咱家这个孩子品行没的说，就是太顽皮了，今天在学校里又闯了祸，气得我……""我们一起研究一下，看怎么样才能帮助孩子改掉这个不太好的习惯！"当这样的话一出口，家长先感受到的是老师和自己一条心，自然就更加愿意支持配合了。

3. 定家长"能聚焦"的目标

有时候，教师与家长沟通时确实把合作要求提得很具体，也确实能够以比肩家长的姿态进行交流，但合作效果依然不理想。到底是哪里出了问题呢？

有的老师会这样提要求："孩子升入小学了，我们要培养他们良好的学习习惯，让他们喜欢阅读，能够自己整理学习用品，主动帮助父母做家务……"目标清晰，且与孩子的成长息息相关，但由于一次性提出的目标太多，家长往往不知道该从何入手。因此，有智慧的老师在与家长合作时，应该有更清晰的阶段规划，比如新入学的小学生，先要培养的是孩子良好的倾听习惯和专注能力，在此基础上，再去引导孩子扩大阅读面、拓宽兴趣面就是自然而然的事。

有的老师目标规划过于长远，比如开学第一天就把这一整个学年的目标都亮了出来，在漫长的时间轴上，家长很容易带着满腔热情起步，却因为心不能到达"终点"而选择了放弃。家校合作中，最理想的目标呈现方式应该是分阶段、小步走，用周目标甚至日目标这种最容易实现、最容易看得见效果的方式为家长赋能。

二、守界——把持得住的那条底线才是良好合作的开端

家校合作时，有的界限是一定要主动跨越的，诸如教师用先进的教育理念影响家长、以科学的教育方法指导家庭教育或者当亲子关系出现问题时，教师必须以跨界的姿态主动向家庭教育伸出援手。

但有时，比主动跨界、积极援助更艰难的是对那条必须把持住

的底线的坚守。我接触过这样一个教育案例：班主任在大清早便捕捉到了前排一个男生的情绪出了严重的问题，几经盘查追问，才知道因为孩子的父母正在闹离婚，未经世事的孩子便受到了不小的惊吓。出于对孩子的爱和呵护，班主任拨通了孩子妈妈的电话，把孩子的情绪受到影响这一现象进行了反馈。初时，孩子妈妈对班主任连连道谢；可待到这位班主任告诉孩子妈妈"大人离婚得心平气和地商量着来"时，孩子妈妈瞬间翻了脸，从此拉黑了班主任。

"我图的是什么呀，不都是为了她的孩子好吗？"班主任向我倾诉时，两眼泪花，满腹委屈。她不知道的是，因为没有守好边界，她把家长推到了比陌生人还要疏离的境地。"我们可以对孩子的情绪进行安抚、进行疏导，可以联系家长，即时反馈孩子的异常行为，希望家长关注，这是一个师者在面对'家庭问题影响了孩子成长'时可以去做的；但家长如何处理好家事、夫妻该以什么样的方式处理婚姻问题或者祖父辈之间的代沟问题绝对是我们不可以碰触的一条底线！"这是我送给那个班主任的管理箴言，也是所有家校合作中必须坚守的底线。毕竟，明晰的界限意识才是良好合作的开端，才是和谐发力的中轴线。

学校教育也好，家庭教育也罢，都是孩子成长中不可或缺的丰厚供养地；而这二者之间的关系绝不是简单的叠加就会有效的，必须是有界有度的。因此，我们从事教育的人只有适当越界才能更好地提升育人效度，也只有严谨守界才能更好地掌控合作尺度。越界与守界之间，教师理应是那个能掌控航向的神奇舵手。

（原文发表于《教师博览》2021 年第 11 期）

共生共育，将教育围观之局变为全员参与之势

杨雪梅

有一个问题，是作为教育人的我们必须去思考的：为什么时至今日，教育竟会陷入了教师焦虑、家长不满、人人都在对教育指手画脚的境地呢？

或许有句歌词可以给我们最应时的提点，那就是"白天不懂夜的黑"——家长充满期待地站在校园围墙外，关注着教育却又总感觉其发展朝向与自己内心期许有所差距；社会大众胸怀热情地驻足圈外，遥视着教育却又因与内心想当然的教育模式有所差别而慨叹。于是，原本一方和谐的育人成长净土，便时不时地有了摩擦碰撞之音。

教育发展的本质是什么？是教师拉着拽着孩子们追求成长，家长和社会都来观阵鞭策吗？是少数群体牵着引着教育之舟不断前行，多数人用评头论足来打消其热情和激情吗？理想的教育显然不是以这种样态来呈现的。我一直认为，唯有将尽可能多的围观者变为教育的参与者，以共生同长的姿态来观照教育生命的发展脚步，才能够改善生态，形成合力，驱动教育航船走向美好的成长那方。

一、向家长抛枝，凝聚共生能量

参与过拔河比赛的人都会有这样的体验：参赛时凝精聚神，所有的专注和力量都聚焦到了发力这一个过程中。那些有闲情、有精力指挥吆喝的，无一例外都是观众，都是局外人。要打破家长和教师间的壁垒与隔膜，最有效的办法就是请家长"入局"，让他们感受到自己的能为与有为，并在这种作为之中与教育共同生长。

1. 使家长成为学习的陪伴者

陪伴才能对孩子有深入的了解，才能对学习有深度的体验，也才会对教育有设身处地的理解。在当下的教育中，关注过度、陪伴缺失却成为大多数家长的惯常状态。

2019 年初，当意识到很多家长都在鼓励孩子参与"雪梅读写团队"的书香假期活动时，我意识到这是一个不可多得的契机，于是向家长们发出了这样的邀约：用"伴读"陪孩子过有意义的假期生活。在这样的活动中，教师和家长携起了手，都是孩子阅读路上的陪伴者。

"我家孩子一说读书就提不起劲来，这可怎么办？现在阅读理解能力这么重要？""读书的过程中，孩子很难做到专注，真愁人。"借着很多家长反馈的问题，我专门做了一次成长讲座，让家长意识到问题所在——当家长看电视、刷手机却要求孩子静心阅读时，那样的约束和要求不具有任何效果；家长如果能将自己沉潜书中，孩子自然也就有了行动参照的贴切榜样。

通过"伴读"活动，我把家长拉到了教育的共生圈里。在这个圈内，教师和家长因沟通合作而拉近了心灵距离，学生和家长因相伴相陪而感受到了蜕变生发的美好。家长的角色也发生了彻头彻尾的变化，由旁观者变成了教育参与者和成长陪伴者，在走进和融入中，家校间相伴相携的合力悄然生发。

2. 让家长变为成长的引领者

家长的陪伴对于孩子的成长而言，只是一种浅层次的教育参与。如果能进一步为家长赋权增能，邀他们走入育人的"深水区"，教育合力的共生之势才能更加繁茂。

基于这样的思考，我努力从不同的家长身上搜寻亮点，并为他们量身打造专属课堂，既丰富了学校育人和班级活动形式，也把家长变成了我的助力者和成长的引领者。

有的家长擅长手工编织，我将她聘为了学生综合实践的校外导师，定期走进校园做现场指导；有的家长几十年如一日坚持阅读，我邀请他就读书经验或对某一本书的感悟做具体分享，并由他牵头成立了班级家庭阅读群；有的家长在不同的岗位坚守，在不同的工作中成就自己，我邀请他们走进教室讲述自己平凡工作中的经历和成绩，给予孩子们最接地气的生命成长启迪……

在参与引领的过程中，家长走入了教育深处，也对学校和教师的工作多了一分了解与理解，共生共长、共研共育的理想之局因此悄然成形。

二、向社会借力，营造共育氛围

当静下心来审视时，我们不得不承认：教育的行进有时候是和社会大环境发展脱节的。如此一来，校园围墙内的人只关注知识的灌输和接收，不谙社会时事；而墙外的人又不能入内，常以一颗揣测之心和主观评判来指指点点。作为教育人，我们有义务，也有必要发力借力，在二者之间搭起一座合作的共育之桥。

1. 把活动现场迁入社会的大舞台

校园义卖场、班级劳动竞赛、礼仪比赛……为了学生成长，我们绞尽脑汁在学校那一亩三分地里创设情境，进行各种社会场景的模拟演练。但再逼真的现场也抵不过真实的社会融入活动。因此，教师要做一个善于发现契机并能借机行事的智者。

我所在的学校有校办工厂，每天都有不同的车辆进进出出，每一辆进入的车都必须在传达室内登记备案，这不正是让孩子学会交际、服务他人的最好良机吗？于是，我找了学生可以自由活动的时间，分组安排班上的学生到传达室值班。看似小小的值班之岗，孩子们却要学会操控电动门的开和关，礼貌接待客人，指导客人登记车牌号、身份、电话等信息……这种置身社会实践场的体验，让孩子在切身参与中充分感知到了自己的"能"，也让那些与孩子们接触的社会人感受到了教育的"有为"。

我借着园林工人在校门口草坪清理杂草的机会，把孩子们派出去帮忙；我借着孩子们外出的任何时机，鼓励他们乘坐公交、超市购物、做志愿服务……对学生的每一次放飞，也都意味着让社会进一步了解教育中的人、了解自己能给予教育的支持和帮助。

2. 把社会精彩的点面融进教育成长的小圈子

和社会脱了节的教育，永远无法培育出完整的人；被社会隔雾看花的教育，也永远都脱离不了被指责非议的境地。育人者，唯有自己清醒地意识到问题，才可能破解迷局，变育人的孤立为教育和社会的共生。

现实中，要把教育的场域扩展到社会的大舞台上，还是困难重重。因此，我们不妨转换角度，努力把社会精彩的点面融进教育成长的小圈子里。

2020 年的一场新冠疫情，牵动着无数人的心，在那个节点上，年逾八十的钟南山院士无疑成了全民英雄。这是社会的热点，也是众人瞩目的焦点，于是，我带着孩子们查阅钟老的生平，查阅他的人生阅历，收集他生活中令人感动、钦佩的点点滴滴，然后开展交流探讨，并鼓励孩子们在社区公益活动中进行专题分享。这样的活动让市民眼前一亮，大家纷纷为学校、为老师对孩子到位的教育点赞。

我也引领孩子关注荣成市赴武汉抗疫一线的黄婷护士，让学生意识到：或许身边的每个人看起来都微小平凡，但把平凡的工作坚持做好，做到极致，关键时刻能有所担当，这就是最有价值的人生。被黄婷护士感染、感动的学生们，有的写下了一封封书信，有的通过网络不停地送上祝福，有的在微信朋友圈里留下了赞颂的一笔……呈现在社会大众面前的孩子们有心有情的，社会也更乐意为这样的成长提供更多资源和鼓励。

成全教育，成就成长，归根结底是需要在教师的主导下，聚多方之力以共生共赢的姿态改变当下教育的胶着模式，携手营造一片有利于发展的晴空。这样的成全与成就，不仅需要心的助力，更需要智慧的嫁接……

（原文发表于《威海教育》2021 年第 1 期）

后记

众人拾柴，方能燃起成长的燎原之火

威海教育名家雪梅班主任工作室成长书系全部交稿后，如同审视着一颗历经了漫长时光孕育才终于萌芽的种子一般，我竟喜极而泣。真的，有什么能比得上一路耕耘一路收获这种踏实的体验更令人幸福和感动呢！

围绕着新班接手后的建设行动、家校共育的力量凝聚、学生成长的心灵观照、班级故事的意蕴解读、班主任的成长突围五个层面，工作室三年多的研究成果终于能够以一种相对系统的方式被细细梳理和呈现。我们的初衷很简单，就是希望能为有带班困惑的老师提供一些方法上的借鉴，希望能为渴望成长和突破的班主任提供一些行动上的参照，希望能为卓越班主任共同体的发展提供些许启迪，最终让班主任这个群体中成长的星星之火慢慢形成燎原之势。

任何一件事，想总是容易的，难的是付诸行动的过程，我们这套书的梳理亦是如此。要把近千万字的发表成果汇总起来，全面审视后再分门别类地整理、精选，形成一本本的著作，这件事相当耗费时间和心力，绝非仅凭几人之力所能完成的。

幸运的是，这一庞大的工程得到了很多领导、老师的大力支持和全情参与。在整套书的策划中，威海市教育教学研究院教师发展研究室的温勇主任对于书系应该如何进行系统构建、每本书应该如何贴近一线班主任的发展需求来选材布局等都给予了全程的跟进指导。他高屋建瓴的专业引领和无时无刻不在的关心是我编著过程中最大的行动底气。由于工作室全体成员在持续进行着叙事德育模式的实践和研究，已经无暇分身，因此雪梅班主任工作室的"编外"成员王迎军、卢桂芳、李楠、李竺姿等老师牺牲了大量业余时间，承担了各本书稿的选编工作。他们担得起、想得细、行得勤的参与姿态是我编著过程中最强大的人力支持。书稿的审核和校对工作千头万绪，雪梅读写团队的刘艳霞、韩艳颖、车英等十多位老师主动请缨，让我拥有了虽工作烦琐但从容应对的状态。他们积极参与的热情，给了我把这套书做细、做好的信心。我所在的工作单位荣成市教育教学研究中心的各位领导，在做工作安排时总是尽可能地保障我可以把主要精力投入工作室建设和班主任专业成长引领中，这份支持和包容让我有了把工作室研究做专、做精的可能，他们永远是我研究之路上最坚实的后盾……如果说雪梅班主任工作室三年以来还算是交出了令人满意的答卷，那么众人"拾柴"，才是每一份成长启动的力量源泉。

我不是一个善于表达情感的人，更何况，那些或静默或热烈的支持与鼓励，更像是一群有着共同教育追求的人不断为星星之火添加燃料的过程，更像是众人拾柴燃起高高火焰的过程，大家的所有奔赴无非是为了成长——学生的成长，教师的成长，以及教育的成长。由此来看，追寻成长是每一个心怀教育的人的共同方向，简单的"谢谢"两个字显然已无法诠释我内心复杂的情感。

"就这样做一个生命有光的人吧。让我们先相互点燃，再去映照更多成长的美好！"我对自己说，对一路与我同行、一路给予我帮携鼓励的教育人说，也对每一位阅读雪梅班主任工作室成长书系的老师说。我所有的教育追求和情感，唯此而已！

雪 梅

2023 年 3 月 8 日